사부작사부작

까또나주
인테리어

사부작사부작
까또나주 인테리어

초판 1쇄 발행 2016년 7월 30일

지은이 김아름 · 김기정
펴낸이 이지은
펴낸곳 팜파스
기획 · 진행 이진아
편집 정은아
디자인 박진희
마케팅 정우룡, 김은지
인쇄 (주)미광원색사

출판등록 2002년 12월 30일 제10-2536호
주소 서울시 마포구 어울마당로5길 18 팜파스빌딩 2층
대표전화 02-335-3681
팩스 02-335-3743
홈페이지 www.pampasbook.com | blog.naver.com/pampasbook
이메일 pampas@pampasbook.com | pampasbook@naver.com

값 16,800원
ISBN 979-11-7026-103-2 13590

이 도서의 국립중앙도서관 출판예정도서목록(CIP)은 서지정보유통지원시스템 홈페이지
(http://seoji.nl.go.kr)와 국가자료공동목록시스템(http://www.nl.go.kr/kolisnet)에서
이용하실 수 있습니다.(CIP제어번호: CIP2016015893)

사부작사부작

까또나주
인테리어

김아름·김기정 지음

팜파스

2012년 유럽 여행길에 까또나주를 접한 후 어느덧 4년이란 세월이 흘렀습니다. 외국 작가들의 매력적인 작품에 반해서 무작정 독학으로 시작했지만 곧 한계에 부딪쳤습니다. 그래서 가까운 나라 일본을 시작으로 까또나주의 본고장인 프랑스까지 유명한 선생님을 찾아다니며 차곡차곡 실력을 쌓아가고 있습니다.

아직 국내에는 까또나주의 매력을 아는 분이 많지 않고, 설령 흥미를 가지게 되더라도 정확하게 배울 수 있는 곳이 없어 선뜻 도전하지 못하는 분이 많죠. 그런 분들을 위하여 다년간 강좌를 개최하여 초급에서 전문가까지 과정을 수료한 수강생들을 배출하면서 쌓인 기술을 함께 나누고 싶은 마음에 용기를 내어 책을 쓰게 되었습니다.

초급 정도의 작품은 인터넷의 정보들을 활용하여 간단하게 만들어볼 수 있지만, 자신만의 디자인을 스케치한 작품을 입체적인 3D 형태의 작품으로 만들기 위해서는 기본 기법에 대한 지식과 많은 작품을 만들면서 터득한 노하우가 필요합니다. 차근차근 기본 기법을 익히고 다양한 형태의 작품과 다양한 재료를 활용해봄으로써 많은 분에게 까또나주를 제대로 알려드릴 수 있기를 바랍니다.

까또나주는 그 한계가 무궁무진합니다. 간단하게 작품을 만들어서 실생활에서 다양하게 활용할 수 있고, 버려지는 쓰레기를 재활용하여 멋진 작품으로 재탄생시키기도 합니다. 사용되는 공간에 따라, 원하는 목적에 따라 다양한 형태의 작품을 만들 수도 있고, 나만의 공간에 딱 맞는 인테리어 콘셉트의 소품도 만들 수 있습니다. 뿐만 아니라 자수, 태팅, 리본 등 다른 공예에 응용하여 멋진 작품을 창작할 수도 있습니다.

다른 작가의 작품을 보고 흉내 내기만 하면 자신만의 작품세계를 창조할 수 없습니다. 기본기를 탄탄히 익혀야 나만의 창조적인 작품 세계를 만들 수 있습니다. 이 책으로 까또나주에 관심이 있고, 제대로 배우기를 원하는 분들에게 도움이 되기를 바랍니다. 정해진 틀은 없습니다. 기본 기술을 익혀 나만의 독창적인 작품을 만들 수 있는 까또나주의 매력에 빠져보세요.

CONTENTS

기본 도구

∑ 1 • 필수 도구 ∑

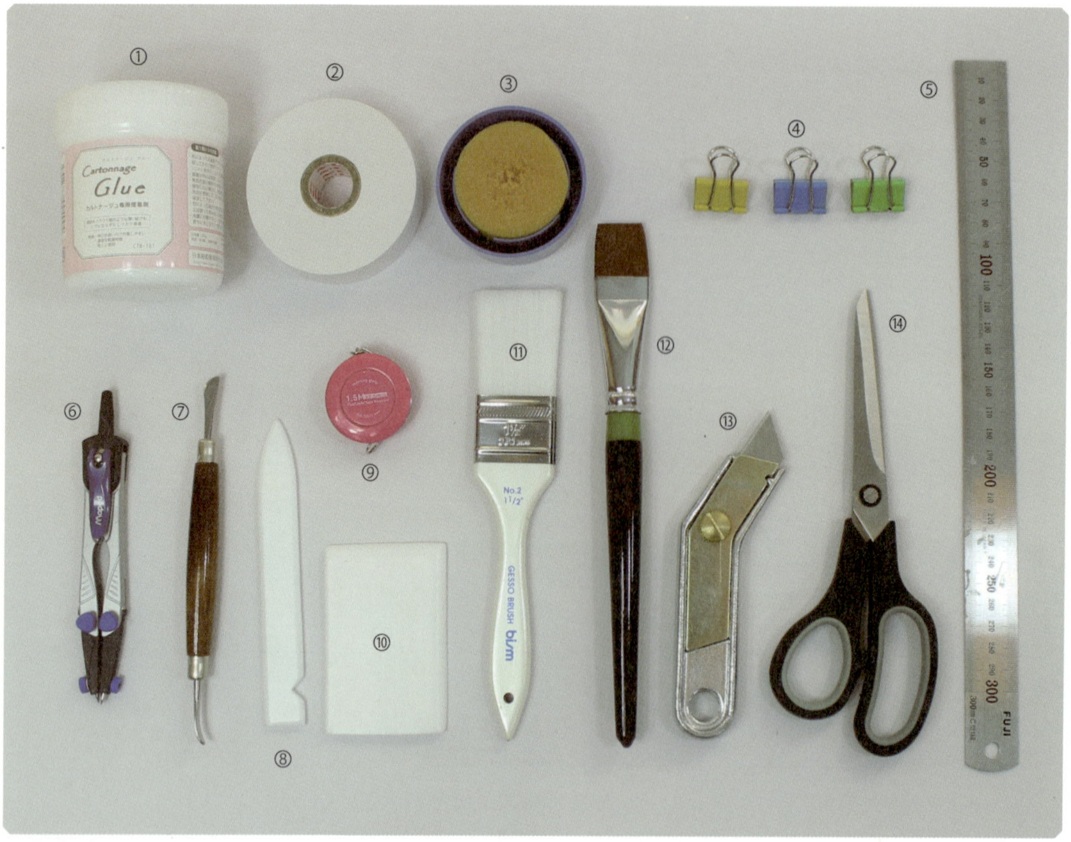

① 까또나주용 본드

본드는 접착력이 좋고 부드럽게 펴지면서 뭉치지 않는 것이 좋다. 떴을 때 천천히 떨어지면서 잘 스며 들어가는 농도가 적당하다. 전용 본드가 없다면 목공 본드를 사용해도 좋다.

Tip! 본드를 많이 바른다고 잘 붙는 것은 아니다. 오히려 지나치게 많이 사용하면 원단 위로 스며 나오거나 종이나 가죽지를 사용 할 경우 밀착이 잘 되지 않을 수 있다.

② 물테이프

물테이프는 물이 묻었을 때 접착력이 생기는 테이프이다. 상자를 보다 단단하게 만들며 오랫동안 사용할 수 있도록 한다. 흰색과 황색이 있는데 연한 색의 원단이나 얇은 원단을 사용할 때에는 황색을 쓰지 않도록 한다.

Tip! 마스킹 테이프를 대용으로 사용하기도 하지만, 너무 두꺼워서 작품을 만들었을 때 흔적이 보인다. 물테이프를 구할 수 없다면 얇은 종이를 잘라 본드를 발라 사용해도 좋다.

③ 스펀지

물테이프에 물을 묻힐 때 사용한다. 스펀지를 사용하면 물이 골고루 묻기 때문에 물테이프가 뜨지 않게 잘 붙일 수 있다.

Tip! 사용 후에는 깨끗이 빨아서 말려서 보관한다. 그렇지 않으면 습기 등으로 곰팡이가 생기기 쉽다.

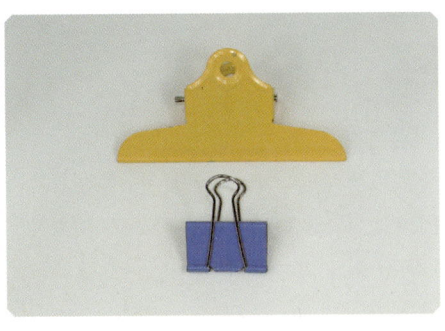

④ 집게

상자와 안지를 밀착시킬 때 사용한다.

Tip! 큰 상자를 만들 때에는 골고루 힘을 받을 수 있도록 큰 집게를 사용하는 것이 좋다.

⑤ 쇠자

플라스틱 자는 칼날에 잘리기 때문에 쉽게 자가 망가진다. 칼날에 잘리지 않으면서 무겁게 종이를 눌러줄 수 있는 쇠자가 좋다. 30cm와 60cm를 주로 많이 사용한다. ㄱ자는 직각을 쉽게 맞출 수 있어 편리하므로 계속해서 작품을 만들고자 한다면 준비를 하는 것이 좋다.

⑥ 컴퍼스

원형과 다각형을 그릴 때 사용한다.

⑦ 모델러

박스 안쪽에 물테이프를 붙이는 데 사용한다. 상자 안쪽에 원단과 종이를 붙일 때 손이 닿지 않는 곳에 유용하게 쓰일 수 있다.

⑧ 헤라

상자에 원단이나 종이 등을 붙일 때 공기가 들어가지 않도록 일정한 힘으로 밀어서 밀착시키는 데 사용한다. 부드럽게 휘어지는 헤라는 안쪽에 사용할 때 좋고, 뼈나 플라스틱으로 된 헤라는 수평으로 힘을 주어 상자 겉쪽에 원단을 밀착시킬 때 사용하면 좋다.

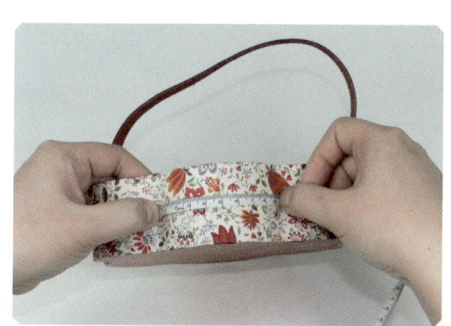

⑨ 줄자

원형 작품의 둘레나 곡선 길이를 잴 때 사용한다.

⑩ 사각 헤라

작품의 넓은 면에 힘을 주어 공기나 뭉친 본드를 밀어내어 원단을 밀착시킬 때 사용한다. 일자형 헤라보다 힘을 골고루 줄 수 있어 유용하게 사용된다.

⑪ 넓은 붓

넓은 면에 본드를 바를 때 사용한다. 좁은 붓으로 넓은 면을 바르면 본드가 뭉치고 먼저 바른 쪽의 풀이 금방 말라 원단(종이)을 붙이기가 어렵다. 너무 저렴한 붓은 본드가 고르게 발리지 않고 붓모(毛)가 잘 빠져 상자와 원단 사이에 들어가므로 좋은 붓을 사용하는 것이 좋다.

⑫ 붓

판지에 골고루 본드가 발릴 수 있도록 붓모는 부드러우면서도 힘이 있는 일자형이 좋다.

⑬ 커터칼

까또나주에서 가장 많이 사용되는 중요한 도구이다. 두꺼운 판지를 직각으로 자르기 위해서는 칼날이 두껍고 힘을 받을 수 있는 것이 좋다. 일반 문구용은 칼날이 얇아 재단용으로는 적절하지 않기 때문에 사용하지 않은 것이 좋다.

⑭ 가위

일반 가위를 사용해도 문제가 없지만 가급적이면 종이용, 원단용 가위를 분리하여 사용하는 것이 오래 쓸 수 있어서 좋다. 일반 가위를 준비한다면 끝이 날카롭고 뾰족한 것으로 고른다. 모서리를 자를 때 편리하다.

Σ 2 · 추가 도구 Ƹ

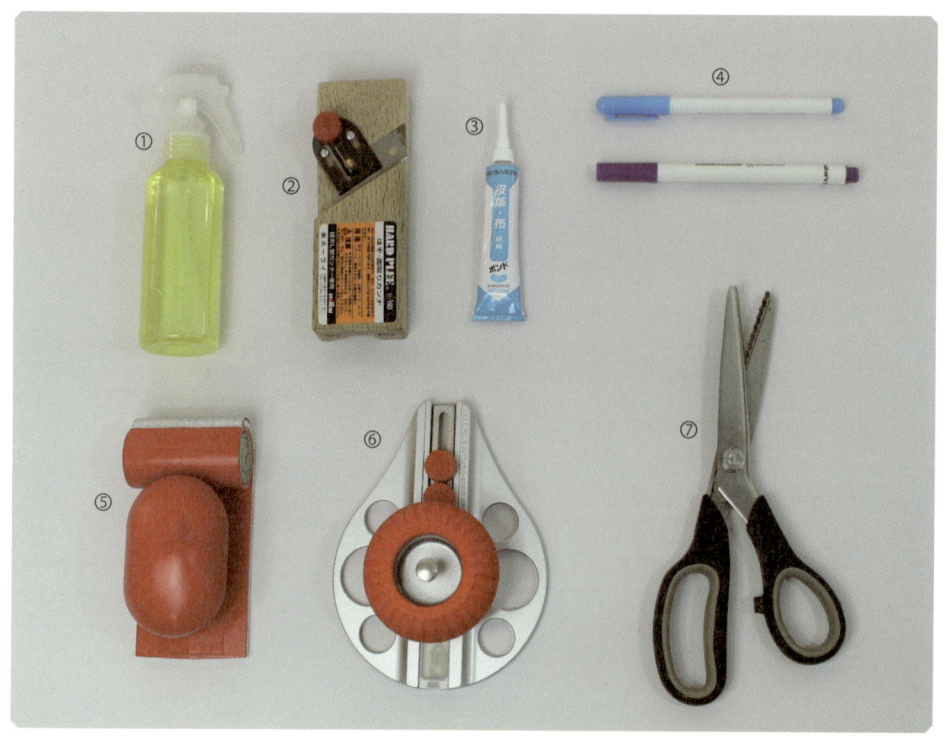

① 스프레이

판지를 원형으로 성형하거나, 원단을 잘못 붙여서 수정해야 할 때 유용하게 사용된다.

② 대패

상자의 모서리를 45도, 60도 등으로 맞출 때 사용한다. 주로 사다리꼴 모양의 상자를 만들 때 많이 사용한다.

③ 섬유본드

원단, 레이스 등 섬유를 붙일 때 사용한다. 본드보다 금세 마르고 흔적이 잘 남지 않아 사용하기 편리하다.

④ 수성펜/기화펜

원단에 선을 그릴 때 사용한다. 기화펜은 공기에 닿으면 지워지고 수성펜은 물에 닿으면 지워진다.

Tip! 기화펜이나 수성펜은 사용하지 않을 때 냉장고에 보관하면 오래 사용할 수 있다.

⑤ 사포

판지 절단면의 결을 정리하거나 곡선 재단 시 모양을 다듬는 데 사용한다.

Tip! 종이는 쉽게 모양이 깎이므로 고운 사포를 쓰는 것이 좋다.

⑥ 원형 커터

컴퍼스의 원리를 이용하여 정확하게 원형으로 자를 수 있는 칼이다. 대형 문구점에서 구매가 가능하다.

Tip! 원형 커터 사용

① 판지 중앙에 커터의 중심을 맞춘다.　② 힘을 세게 주지 않고 가볍게 몇 번 돌려준다.　③ 원형의 모양이 잡히면 힘을 주어 잘라준다.

⑦ 핑킹가위

곡선 작품을 만들 때 물테이프나 원단을 자를 때 사용한다.

⑧ 커팅 매트

테이블에 커터칼 자국이 남지 않도록 커팅 매트를 준비하는 것이 좋다. 줄눈자가 있는 매트가 재단 할 때 편리하다.

⑨ 붓 세척액

본드는 물로 세척할 경우 찌꺼기가 붓털 사이에 남아 있기 쉽다. 세척액을 사용하게 되면 본드를 손쉽게 제거할 수 있어 붓을 오래 사용할 수 있다.

⑩ 방안자

종이나 원단의 가로/세로 직각을 맞추어 재단할 때 사용하면 편리하다.

⑪ 각도기

육각, 팔각 등 다각형의 상자를 그릴 때 사용한다.

⑫ 솜

상자의 뚜껑이나 메모보드 등에 볼륨감을 줄 때 사용한다.

Tip! 솜으로 볼륨감을 주면 자수의 입체감이 살아나 더 완성도 있는 작품을 만들 수 있다.

⑬ 양면 테이프

작품에 볼륨감을 줄 때 솜을 고정시키는 용도로 사용한다.

⑭ 샤프와 지우개

상자의 도안을 그릴 때에 사용된다.

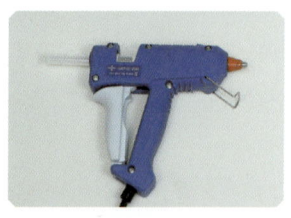

⑮ 글루건과 심

큰 금속이나 순간접착제가 잘 붙지 않을 때 사용한다.

⑯ 물티슈

본드나 먼지를 닦아낼 때 사용한다.

Tip! 작품을 만들 때 물티슈로 주변을 정리해가면서 만들어야 깨끗하게 만들 수 있다.

BASIC 02

필요한 재료

Σ 1 • 판지 Ɀ

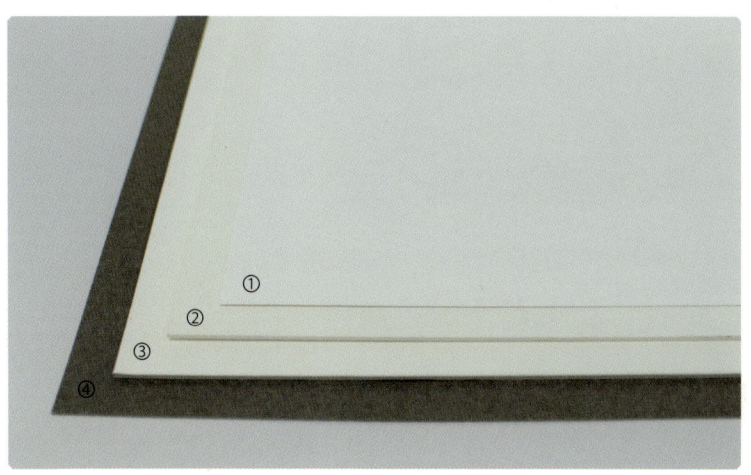

① 켄트지

얇은 종이로 상자 안쪽에 원단을 붙일 때 안지로 많이 사용한다.

② 판지 1mm

원형 작품과 같이 판지를 휘어서 만들어야 할 때 사용한다. 흰색, 아이보리, 회색 등 다양한 색상이 있다.

Tip! 흰색 원단이나 밝은색 원단을 사용할 때에는 판지의 색이 보일 수 있으므로 흰색 판지를 사용하는 것이 좋다.

③ 판지 2mm

가장 많이 쓰이는 두께의 판지로 상자를 튼튼하게 성형할 수 있다.

④ 바닥지

실생활에 사용하기 위해서는 작품의 바닥 부분은 때가 잘 묻는 원단보다 종이로 만드는 것이 좋다. 다양한 색상을 선택할 수 있다.

Σ 2·원단 Ƶ

원단은 까또나주 작품을 만들 때 가장 많이 사용한다. 기본적으로는 면을 가장 많이 사용하지만 실크, 리넨, 마 등 작가의 의도에 따라 다양한 원단을 사용할 수 있다.

1) 원단의 주요 패턴

① 꽃 무늬
초보자들이 처음 도전하기 좋은 패턴이다. 꽃무늬 원단을 이용하면 화사한 느낌으로 작품을 만들 수 있어 가장 많이 사용된다.

② 그림
한 폭의 캔버스 위에 그려진 그림 같은 패턴이다. 작품 사이즈에 맞춰 알맞은 크기의 그림을 사용하면 더 완성도 높은 작품을 만들 수 있다.

③ 반복 무늬
특정 무늬가 반복되는 원단으로 반복되는 패턴을 살려 작품을 만들면 좋다.
Tip! 분리된 면의 무늬를 맞추면 작품을 더욱 예쁘게 만들 수 있다.

④ 테마 패턴

박스의 용도를 표현할 수 있는 패턴을 활용하는 것도 좋다. 퀼트, 자수, 태팅 등 공예 도구를 보관하는 용도라면 소잉 패턴을 활용하여 상자를 만들어보자.

⑤ 스트라이프, 체크

선의 색깔, 겹침의 정도에 따라 다양한 느낌이 나는 패턴이다. 선의 굵기, 색상, 배열에 따라 다양한 느낌을 낼 수 있지만 선 모양을 유지시키면서 붙이기가 힘들다.

Tip! 원단을 지나치게 당기거나, 본드가 마르기 전에 송곳으로 구멍을 뚫는 경우에 선이 휘어지므로 주의한다.

⑥ 도형 무늬

외부에 상자의 특성을 살리는 화려한 무늬의 원단을 사용하였다면, 안지는 단순한 도형 무늬의 원단을 사용하는 것도 좋다.

⑦ 도트 무늬

패턴은 단순하지만 사용된 색상에 따라 화려한 느낌을 낼 수 있다. 도트 무늬도 라인에 따라 정렬된 경우가 많으므로 지나치게 힘을 주어 당겨 붙이지 말아야한다.

⑧ 무지

단색으로 안지나 바닥지로 많이 사용된다.
원단은 까또나주 작품을 만들 때 가장 많이 사용된
다. 기본적으로는 면을 가장 많이 사용하지만 실크,
리넨, 마 등 작가의 작품 의도에 따라 다양한 원단
을 사용할 수 있다.

① 이탈리아 마블링지

이탈리아의 장인이 수작업으로 만든 종이다. 수작업으로 만들기 때문에 같은 모양이 없는, 세상에 단 하나뿐인 작품을 만들 수 있다. 하지만 가격이 매우 비싸다.

② 가죽지

가죽 느낌을 살려 만든 종이이다. 주로 유럽에서 생산되어 고가이지만 고급스러운 이미지를 연출할 수 있다. 또한 일반종이보다 물에 강해 생활에 활용도가 높다.

Tip! 복잡한 작품이나 서랍이 있는 작품을 만들 경우 안지로 사용하면 편리하다.

③ 샤모아(chamois) 느낌의 가죽지

일반 샤모아는 두껍기 때문에 까또나주에 사용하기 어렵다. 이러한 점을 보완해서 프랑스나 이탈리아 등지에서는 유사한 느낌을 종이로 만들어 판매하고 있다. 하지만 국내에서는 구하기가 쉽지 않다.

④ 북 커버지

일반 종이보다는 뻣뻣하고 물에 잘 젖지 않아 바닥지나 상자의 안지로 사용하기 좋다. 국내에서 비교적 구하기가 쉽다.

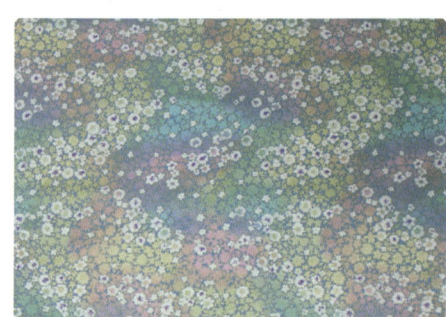

⑤ 화지(花紙)

일본에서는 오래전부터 종이를 이용한 전통 공예가 발달하여 예쁜 색감의 무늬지들을 만나볼 수 있다.

⑥ 무늬지

다양한 무늬로 이루어진 종이로 상자 전체에 사용하는 것보다 일부분에 포인트로 사용하는 것이 좋다. 유명 브랜드로는 리버티와 타소띠(Tassotti) 등이 있다. 타소띠는 국내에도 수입이 되어 인터넷 쇼핑몰 등에서 구입할 수 있다. 화려하면서 우아한 무늬로 작품의 멋을 배가시킬 수 있다.

Σ 4・장식 Ƨ

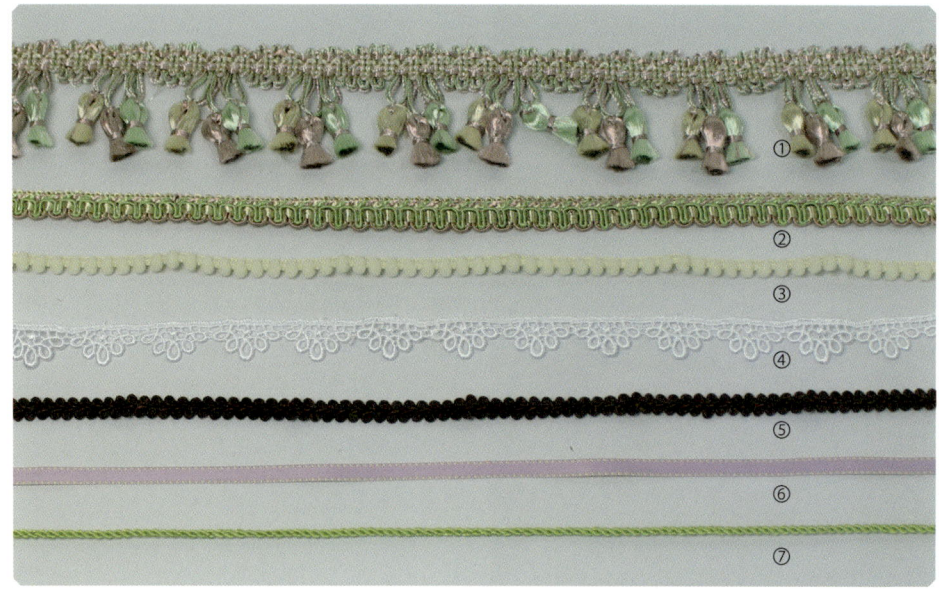

1) 레이스 및 가죽

① 장식용 술

까또나주 상자의 모서리나 선을 따라 활용하여 작품의 입체적인 멋을 살릴 수 있다.

Tip! 프린지, 레이스 등을 붙일 때에는 섬유 본드를 사용하는 것이 좋다. 까또나주 본드는 섬유에 스며들어 접착력이 떨어진다.
(p106 15번 과정사진 참고)

②, ③, ⑤ 프린지

프린지는 실을 꼬아 만든 장식을 말한다. 작품 크기와 색상에 따라 프린지의 폭과 색상을 선택하여 사용한다.

④ 레이스

레이스는 주변에서 흔하게 구할 수 있다. 흰색, 아이보리가 많아 어떤 색상의 작품에도 잘 어울리고 저렴한 가격으로 작품을 화려하게 만들 수 있다.
(p102 보석상자 참고)

⑥ 리본

다양한 형태로 활용도가 높은 것이 리본이다. 재질, 색상, 폭 등 다양한 형태로 선택이 가능하여 작품의 콘셉트에 맞춰 사용할 수 있다.

⑦ 로프

안지로 두꺼운 판지나 종이를 사용하면 위에서 접착한 면이 보일 수 있다. 이때 로프를 붙여주면 접착한 면을 감출 수 있어 자주 사용된다.

⑧ 가죽끈

가방 형태의 작품을 만들 때 손잡이로 많이 사용되고, 고급스러운 분위기를 연출할 수 있다. 가죽끈은 부드러운 것보다는 뻣뻣해서 형태를 유지할 수 있는 것이 작품에 사용하기 좋다. 폭은 10~15mm 사이즈가 가장 많이 사용된다.

⑨ 모티브

무지 원단으로 작품을 만들었을 때 간단한 모티브 레이스를 한 장 붙여주는 것만으로도 멋있는 작품을 만들 수 있다. 원단에 레이스를 붙일 때에는 섬유본드를 사용하는 것이 좋다.

(p138 다각형상자 뚜껑 참고)

⑩ 태슬

실을 꼬아서 술 형태로 만든 것이다. 작품에 맞게 원하는 색상의 실을 꼬아 직접 만들 수도 있지만, 시중에서 판매되는 저렴한 태슬을 사용해도 좋다.

2) 금속장식

① 손잡이

바구니, 트레이, 서랍 형태의 작품을 만들 때 사용한다. 상자 안의 물건을 알 수 있도록 네임태그 등을 사용하면 좋다.

Tip! 금속장식은 인테리어 전문 철물 장식 가게에 가면 구할 수 있다.

② 다리

더욱 고급스러운 작품을 만들고 싶을 때 사용하면 좋다. 작품에 따라 알맞은 사이즈의 장식을 사용한다.

Tip1! 다리 장식을 하면 작품의 바닥면이 오염, 손상되는 것을 방지할 수 있다.

Tip2! 작품에 다리를 장식할 때에는 순간 접착제를 사용한다. 단, 다리의 사이즈가 크고 상자에 닿는 면이 직각이 아닌 형태라면 글루건을 사용해도 좋다.

③ 자석 도트

뚜껑이 겹쳐 닫히는 형태의 작품을 만들 때 잠금장식으로 사용하기 용이하다. 자석으로 되어 있어 열거나 닫을 때 편리하고, 가격이 저렴하며 쉽게 구할 수 있다.

④ 솔트레지

금속 손잡이는 크기도 크고, 가격도 비싸 손잡이가 많은 작품에 사용하기에는 부담이 있다. 솔트레지는 저렴하고 사용하기에 편리하기 때문에 상자의 뚜껑이나 서랍의 손잡이를 만들 때 가장 많이 애용된다.

Tip! 60~80mm 사이즈가 가장 많이 사용된다.

⑤ 리벳

가죽줄, 금속장식 등 작품과 장식을 단단히 고정시킬 때 사용한다. 긴 리벳과 짧은 리벳이 한쌍이다.

⑥ 북코너

상자 뚜껑이나 바닥의 판지 모서리에 사용하여 고급스러운 느낌뿐만 아니라 상자가 망가지는 것을 방지하여 오랫동안 사용할 수 있도록 한다.

⑦ D링

가죽끈을 상자에 연결해 바구니 형태의 작품을 만들 때 많이 사용된다.

⑧ 금속장식

금속장식은 구하기가 쉽고 형태가 매우 다양하므로 더욱 독창적인 작품을 만들 수 있다.

⑨ 잠금장식

화려한 형태의 가방 작품을 만들 때 사용하면 좋다. 가격이 조금 부담되지만, 완성도 있는 작품을 만들 수 있다. 가죽공예 사이트에서 구입할 수 있다.

⑩ 장식용 단추

주변에서 흔하게 구할 수 있으면서 장식 효과가
크다. 손잡이로도 응용되고 작품 콘셉트에 맞춰
1~2개 정도만 달아줘도 멋진 작품이 된다. 구상한
작품의 콘셉트에 맞는 단추를 찾아다니는 것도 쏠
쏠한 재미가 있다.

Tip! 나만의 차별화된 작품을 만들고 싶다면 앤티크 단추를
찾아 사용해보는 것도 좋다.

⑪ 자석

상자를 본드를 사용하지 않고 붙이거나 별도의 잠
금장식 없이 여닫을 때 사용한다. 보통 직사각형
형태나 지름 10~20mm 의 원형 자석을 많이 사용
한다.

Tip! 다양한 두께가 있지만 1~2mm가 적당하다.

3) 금속도구

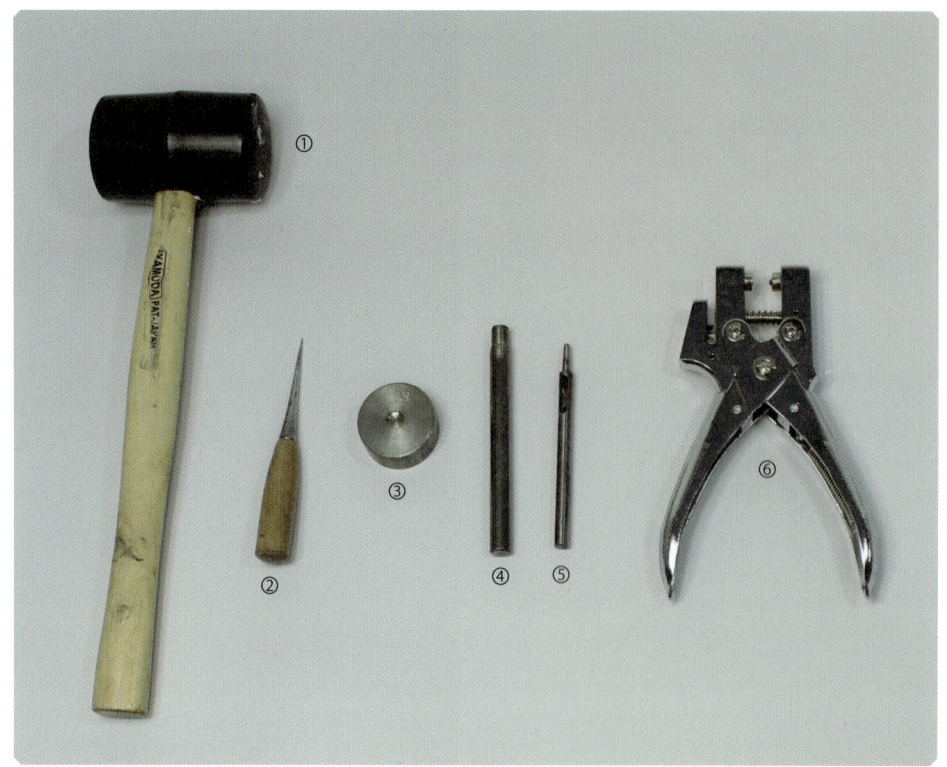

① 망치

리벳, 아일렛 등 금속장식을 작품에 고정시킬 때 사용한다. 망치는 금속장식이 망가지지 않도록 고무망치를 사용하는 것이 좋다.

② 송곳

솔트레지, 리벳, 단추 등 판지에 구멍을 뚫을 때 사용한다.

③ 종발

기다란 리벳의 머리를 올려둔다. 이때 종발 가운데 원의 크기가 리벳의 머리 크기와 같아야 한다.

④ 리벳세터

암수 리벳을 끼운 뒤 암리벳의 머리에 리벳세터를 끼우고 망치로 내리쳐 고정한다.

⑤ 타공 펀치

송곳으로 여러 개의 구멍을 뚫을 경우에는 크기를 맞추기 어렵다. 이때 타공 펀치를 이용하면 일정한 사이즈의 구멍을 뚫을 수 있다.

⑥ 아일렛 펀치

아일렛을 작품에 달 때 사용한다.

Tip! 아일렛이란 가운데 구멍이 뚫린 금속으로 주로 리본이나 로프 등과 함께 사용한다.

Tip! 리벳 박기

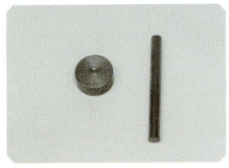

① 종발과 리벳세터를 준비한다.

② 리벳을 준비한다.

③ 뚫어둔 구멍에 리벳을 끼운다.

④ 망치로 두드린다.

⑤ 완성한다.

재료어디서살까

1. 사부작(www.sabujak.kr)

까또나주 기본 도구, 물테이프, 금속과 더불어서 다양한 형태의 카턴 키트(Carton Kit)를 구매할 수 있고, 간단한 설명서만으로 만들 수 있는 패키지 상품도 다양하게 구비되어 있다. 초급-고급, 전문가 1, 2, 연구반 등 다양한 강좌를 개최하고 있다. 또 간단하게 체험해볼 수 있는 One day class 도 있다.

2. 소잉팩토리(www.sewingfactory.co.kr)

부라더미싱의 소잉팩토리는 재봉기부터 다양한 원단, 부자재 등 DIY에 대한 모든 것을 제공하는 멀티숍이다. 전국의 오프라인 매장을 직접 방문하여 다양한 제품을 직접 보고 고를 수도 있다. 온라인 숍에서도 구매가 가능하다.

3. 동대문 종합시장

동대문 종합시장은 취미 공예의 천국이다. 2층에서는 원단과 레이스 부자재를 구매할 수 있다. 5층, 6층은 각종 공예에 필요한 재료가 구비되어 있다. 특히 가죽 부자재, 금속장식 등을 다양하게 구매할 수 있다. 동대문역 9번 출구로 나오면 보인다.

4. 아트패브릭(artfabric.co.kr)

국내에서 비교적 다양한 리버티 원단을 구매할 수 있는 곳이다. 일부 영국 리버티 원단을 판매하는 사이트가 있지만, 아트패브릭은 일본에서 생산되는 리버티 원단도 구매할 수 있다. 세일을 노린다면 비싼 리버티 원단을 저렴한 가격에 구매할 수도 있다.

5. 데일리라이크(www.dailylike.co.kr)

솜사탕 같은 느낌의 부드러운 색상과 디자인의 원단이다. 국내에서 생산되는 원단으로 가격대비 뛰어난 작품을 만들 수 있다. 동대문 종합시장 6층에 매장이 있고, 온라인으로도 구매할 수 있다.

BASIC
03

기본 상자 제작을 위한
도안 그리기와 자르기

Σ 1 • 상자의 기본 용어 Ƹ

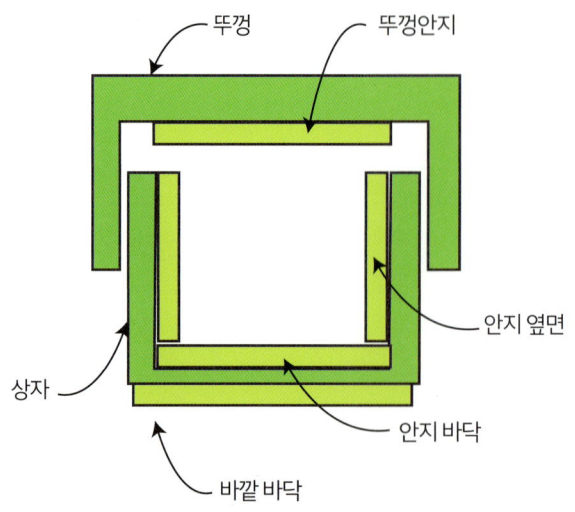

뚜껑 뚜껑안지

안지 옆면

상자

안지 바닥

바깥 바닥

Σ 2 · 상자 바닥의 종류 ℥

까또나주 상자의 형태는 주로 바닥의 형태에 따라 정해진다. 까또나주에서 흔히 만들어지는 상자 바닥의
형태는 그림과 같다.

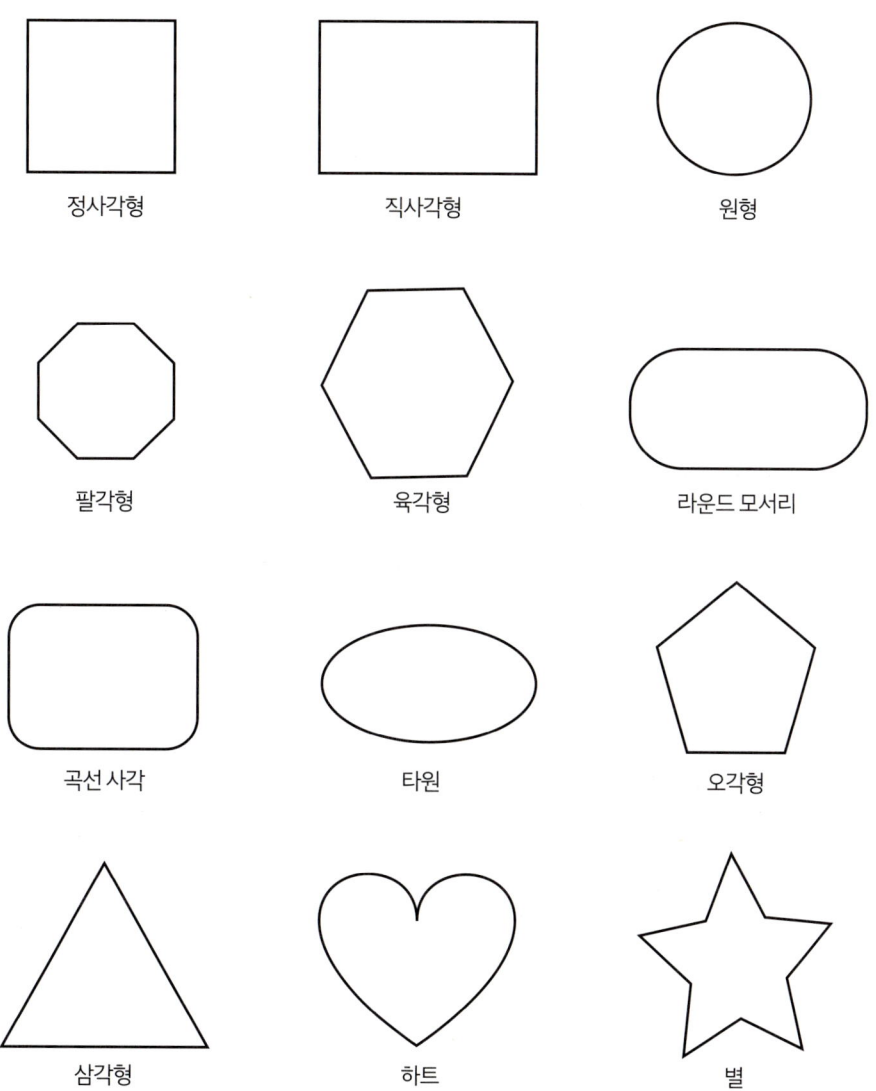

Ƨ 3 • 그리기 준비 Ƨ

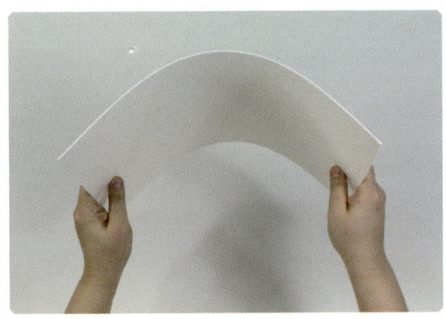

① 판지는 구부려 보아 잘 휘어지는 쪽이 종이의 결이다.

Tip! 긴 면을 종이의 결에 맞추어 재단한다. 결대로 맞추지 않으면 시간이 지나면서 상자가 휘어지기 때문에 주의해야 한다.

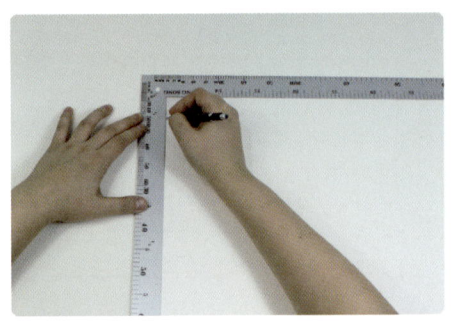

② 직각을 맞춘 뒤 선을 그린다.

③ 도안을 그릴 때에는 긴 면부터 그린다.

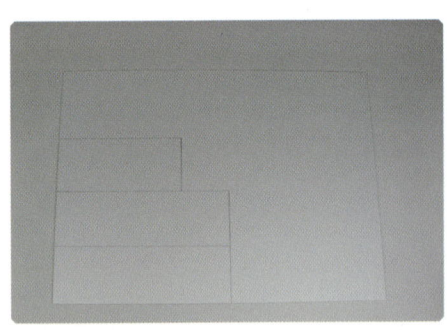

Tip! 원단을 자를 때에는 원단의 무늬/ 혹은 패턴에 맞추어 잘라야 한다.

④ 무거운 쇠자로 종이를 눌러 움직이지 않도록 하고, 자를 때에는 처음에 힘을 주지 말고 천천히 2~3번 자른 후에 칼집이 생기면 두 번째 손가락으로 칼을 눌러 힘주어 자른다. 자를 때에는 위쪽에서 가슴 쪽으로 당겨서 자른다.

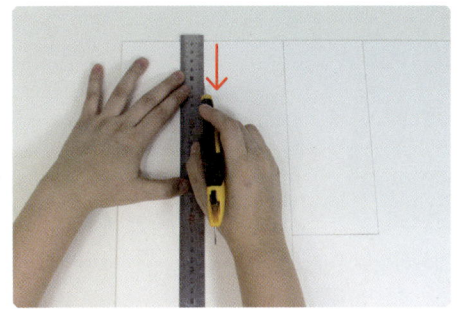

Tip1! 종이는 긴 면부터 자르는 것이 좋다.

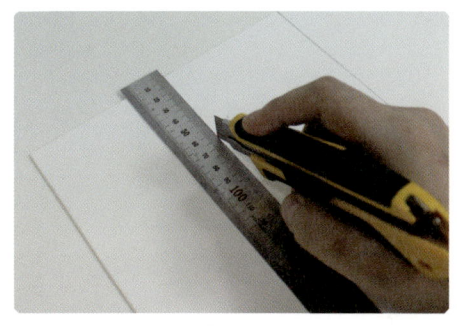

Tip2! 칼날은 자와 직각이 되도록 한다.

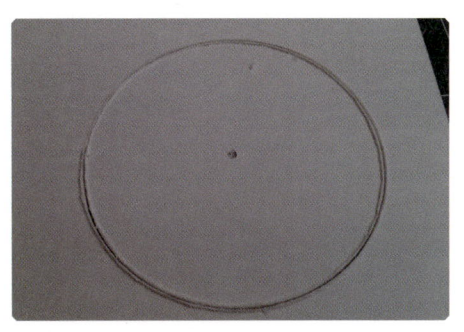

⑤ 원형을 직선 커터로 자를 때에는 칼을 연필처럼 잡고 자르는 것이 좋으나 초보자들은 곡선을 자르는 것이 어려우므로 원형 커터를 사용하는 것이 좋다.

올바르게 직각으로 절단

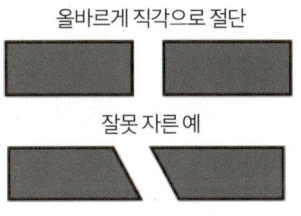

잘못 자른 예

Tip! 종이를 직각으로 절단해야 성형을 올바르게 할 수 있다.

⑥ 자른 면이 고르지 못할 때에는 헤라를 이용하여 결을 정리해준다.

 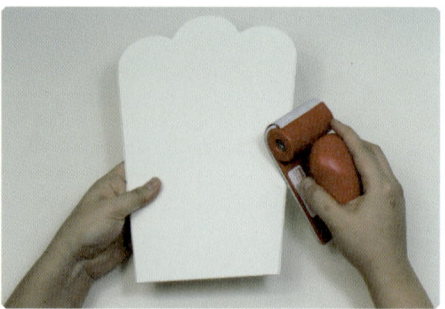

자른 단면을 고르게 하지 않으면 옆면을 붙일 때 밀착되지 않아 상자 형태가 바르게 잡히지 않을 수 있다. 지나치게 거칠게 잘렸다면 고운 사포로 살짝 다듬어주는 것이 좋다.

⑦ 스트라이프나 체크 원단을 이용하는 경우 선이 작품의 모양, 사이즈에 맞춰지도록 재단 단계부터 주의해서 잘라야 한다. 그렇지 않으면 다 만든 뒤에 무늬가 맞지 않아 후회하는 경우가 생긴다.

Σ 4 · 도안 그리기 Ƹ

1) 사각형 상자

단위는 mm입니다.

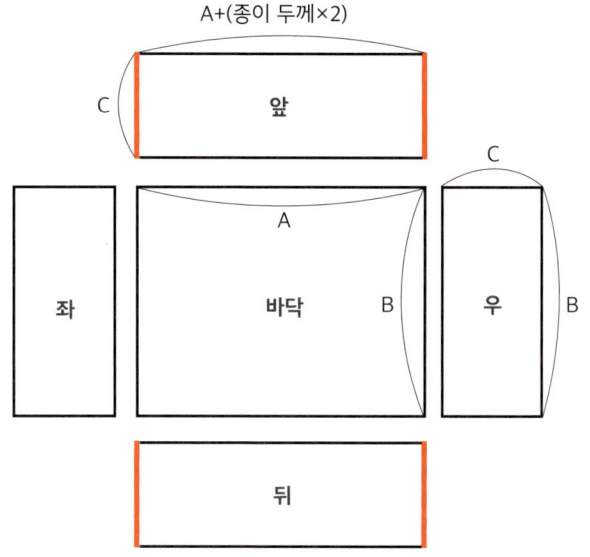

2) 일자형 사각 뚜껑(상자보다 5mm 씩 튀어 나오도록 할 경우)

바깥뚜껑

가로 : {A+(종이두께×2)+10}

세로 : {B+(종이두께×2)+10}

안쪽뚜껑

가로 : (A-5)

세로 : (B-5)

3) 사각형 상자 안지

안지는 상자보다 가로, 세로를 1mm씩 작게 만든다. 안지 사이즈는 만드는 사람과 재료에 따라 달라질 수 있으므로 상자를 만드는 과정에서 다시 한 번 사이즈를 맞춰 봐야 한다.

4) 원형 상자

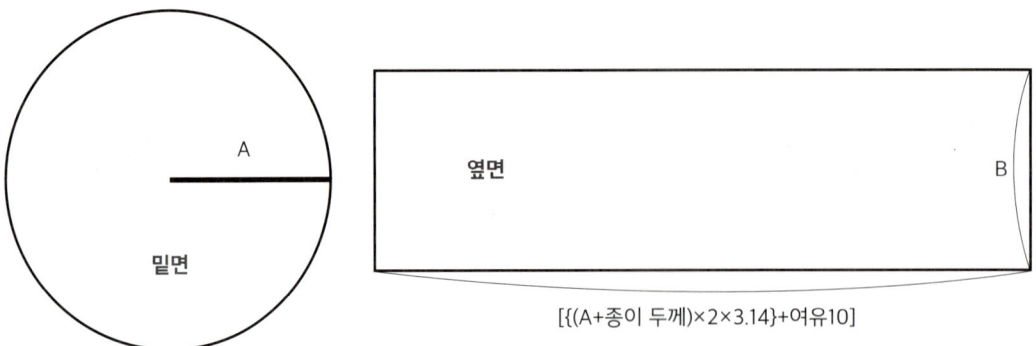

[{(A+종이 두께)×2×3.14}+여유10]

Tip! 잘 휘어야 하기 때문에 일반 상자와는 반대의 결로 자른다.

5) 상자와 딱 맞는 원형상자의 뚜껑

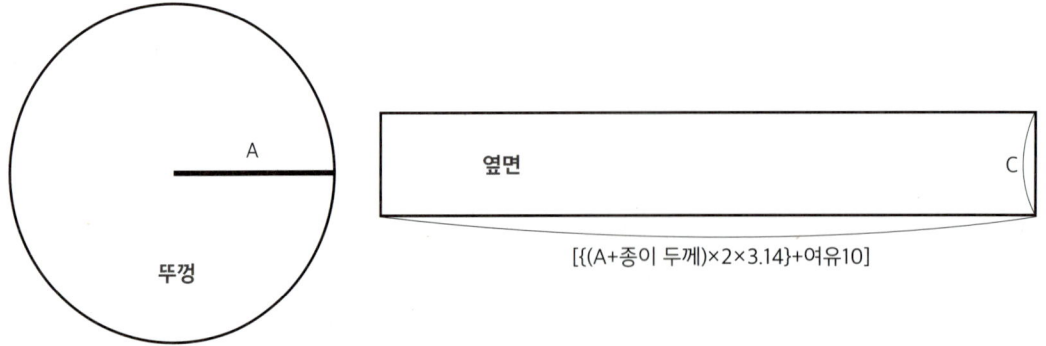

[{(A+종이 두께)×2×3.14}+여유10]

6) 육각형

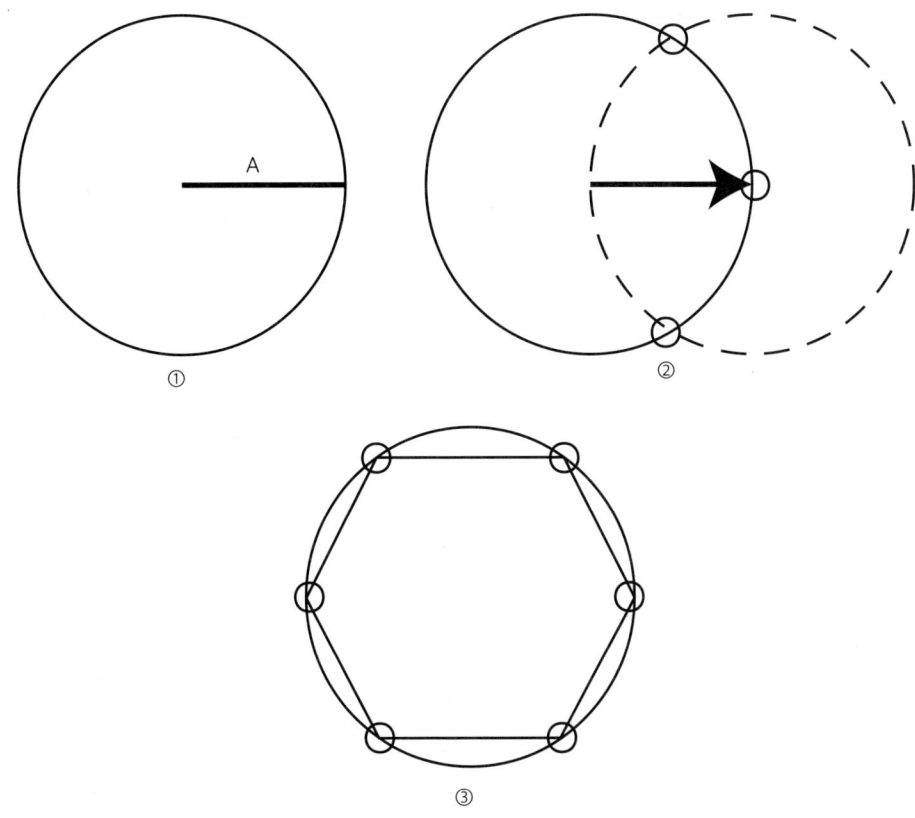

① 원하는 사이즈의 원을 그리고 반지름을 그려준다.

② 원의 반지름만큼 오른쪽으로 이동하여 원을 한 개 더 그리고 두 원이 만나는 지점에 점을 찍어준다.

③ ①번 원의 반지름만큼 왼쪽으로 이동하여 원을 한 개 더 그리고 두 원이 만나는 지점에 점을 찍은
뒤 점들을 잇는 직선을 그려준다.

7) 팔각형

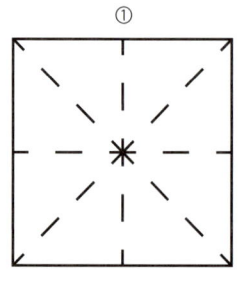 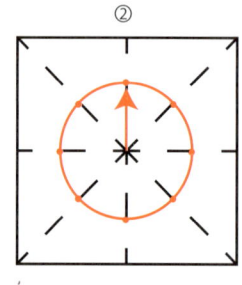 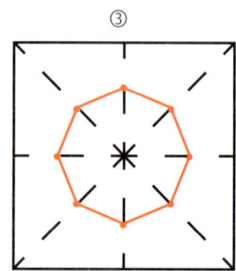

① 정사각형을 그리고 직선과 대각선을 그린다.
② 원하는 길이만큼 반지름으로 하여 원을 그린다.
③ 직선과 원이 만나는 지점을 연결하는 직선을 그려준다.

모양 활용

까또나주는 개개인의 상상력과 창의력을 극대화하여 세상에 단 하나뿐인 작품을 만들 수 있는 매력이 있다. 한 장의 바닥 모양을 가지고도 상상력을 더해 다양한 형태의 작품을 만들 수 있다.

동일한 꽃잎모양의 바닥지를 이용하여 트레이, 액자, 시계 등 다양한 형태로 변형한 작품이 가능하다.

꽃잎 모양

BASIC 04

기본 상자 만들기

사각상자

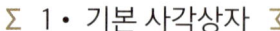

∑ 1 · 기본 사각상자 ℈

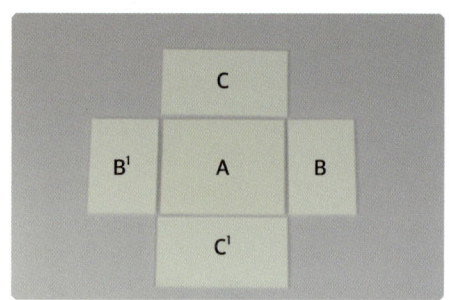

① 사각상자는 바닥, 좌/우, 앞/뒤 판지 조각이 필요하다.

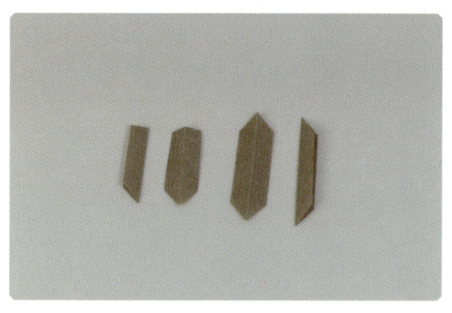

② 물테이프는 상자 모서리 사이즈에 맞추어 미리 잘라둔다. 길게 반을 접은 후 옆면에 붙일 것은 한쪽을 45도로 자르고, 바닥에 사용할 것은 양쪽을 모두 45도로 자른다.

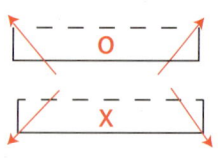

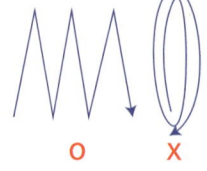

Tip1! 사람들이 가장 많이 하는 실수가 물테이프를 45도로 자르는 방향이다. 접혀진 면에서 벌어진 쪽으로 45도 각도로 자른다.

Tip2! 똑같은 사이즈로 물테이프를 자를 때에는 지그재그로 접어서 자른다. 감아서 자르면 물테이프의 사이즈가 점점 길어진다.

③ 바닥 판지(A)의 옆면에 본드를 발라준다.

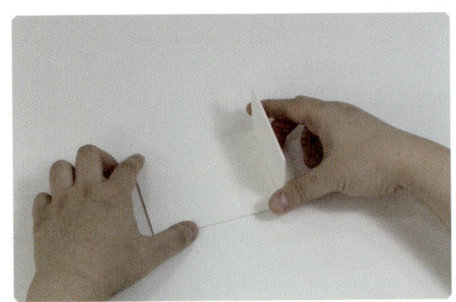

④ 바닥 판지(A)에 옆면 판지(B)를 서로 직각이 되도록 붙여준다.

Tip! 옆면을 바닥면 위가 아닌 옆쪽에 붙여주는 이유는 위쪽으로 붙이는 경우 옆면이 안쪽으로 기울 수 있기 때문이다.

⑤ 물에 흠뻑 적신 스펀지 위로 물테이프를 살짝 눌러주며 물을 묻힌다.

⑥ 바깥쪽 모서리에 물테이프를 붙이고 헤라로 문질러서 밀착시켜준다.

⑦안쪽 모서리에 물테이프를 붙이고 모델러로 모서리의 각을 잡아준다.

Tip! 상자를 성형한 뒤에 안쪽 물테이프를 붙이려고 하면 반듯하게 붙이기 어렵기 때문에 판지를 붙일 때마다 물테이프를 붙여주는 것이 좋다.

⑧마주보는 면(B¹)을 먼저 붙인다.

⑨ ㄷ자형이 된 상자의 측면에 앞/뒤(C, C¹) 판지를 붙여 완성한다.

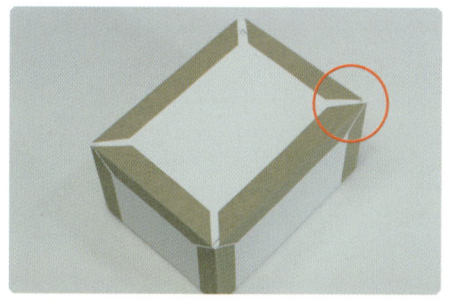

⑩모서리가 만나는 면에 물테이프가 겹쳐지면 두꺼워지기 때문에 겹쳐지지 않도록 끝을 45도로 잘라준다.

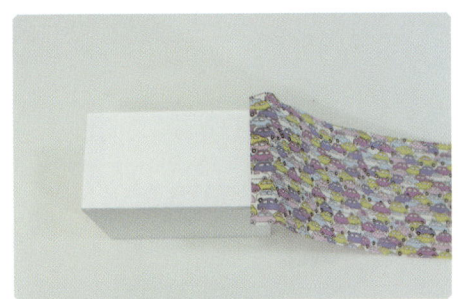

⑪ 상자의 뒤쪽 면에 원단의 시
접을 10mm 여분으로 붙인다.

Tip! 본드는 종이에 발라준다. 원단에
바르면 본드가 스며들어서 접착력이
떨어진다.

원단

⑫ 본드를 발라 원단을 붙인다.

Tip! 붓자국이 남지 않도록 본드를 골고루 얇게 펴바른다.

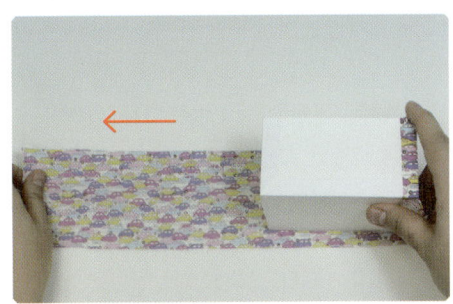

⑬ 원단을 붙이는 반대방향으로 살짝 당겨가면서
원단을 붙인다.

⑭ 마지막 시접 10mm 정도는 접어서 상자 끝 모
서리에 맞춘다.

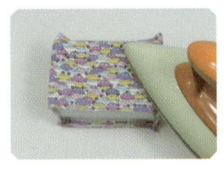

Tip! 원단이 들떴다면 다리미로
살짝 다려준다. 원단 밑의 본드
가 녹아 원단이 잘 붙는다.

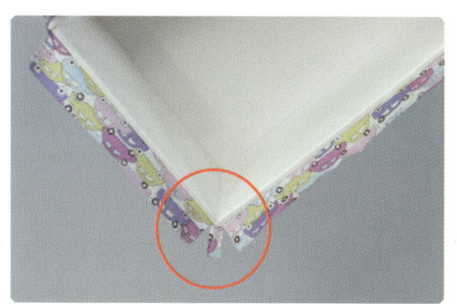

⑮ 상자의 위쪽 시접은 가운데를 4mm 정도를 잘라둔다.

⑯ 원단이 겹쳐진 곳은 두꺼워지지 않도록 잘라준다.

⑰ 모서리 시접을 먼저 붙인 뒤 남은 시접을 정리한다.
Tip! 모서리를 붙일 때 모델러를 사용하면 쉽게 밀착시킬 수 있다.

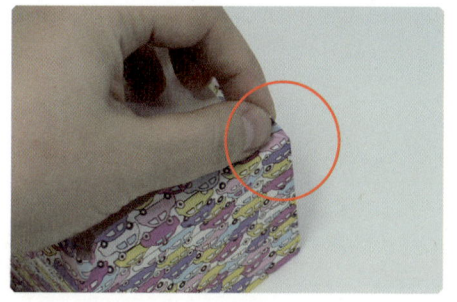

⑱ 상자 바닥면의 시접은 살짝 눌러 잡아준다.

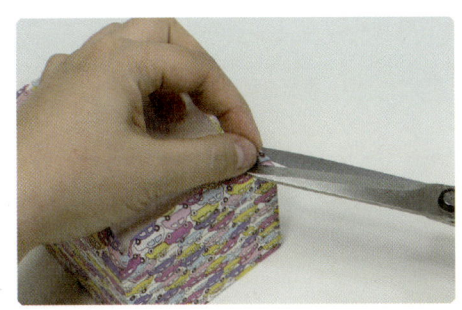

⑲ 시접을 자를 때에는 2mm 정도를 남겨두고 자른다.

⑳ 겹쳐진 곳은 두꺼워지지 않도록 자르고 시접을 바닥에 붙인다.

Tip! 모서리를 헤라로 눌러가며 붙이면 깔끔하게 마무리된다.

안지

㉑ 잘라둔 안지를 상자 안쪽에 맞춰 보면서 사이즈를 조절한다.

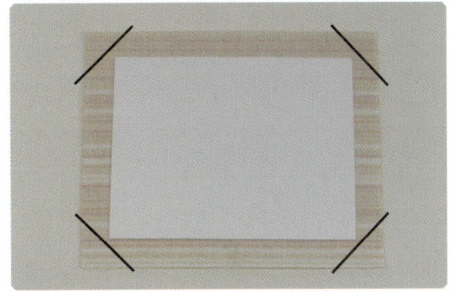

㉒ 안지 바닥을 원단에 붙이고 모서리의 시접을 사선으로 자른다.

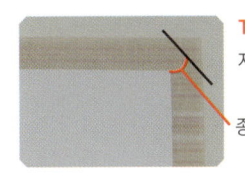

Tip! 종이 두께만큼 남기고 자른다.

종이 두께

㉓ 안지 바닥을 상자에 붙이고 시접은 상자 옆면에 붙인다.

㉔ 옆면의 안지를 원단에 붙이고 모서리를 사선으로 자른 뒤 위와 아래의 시접만 접어서 붙인다.

㉕ 옆면 안지를 상자에 붙이고 남은 시접을 상자 옆면에 붙인다.

㉖ 동일한 방법으로 앞/뒷면의 안지를 원단에 붙이고 시접을 모두 접어서 붙인다.

㉗ 앞/뒷면 안지를 상자에 붙인다.

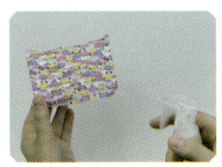

Tip! 원단을 잘못 붙였을 경우 분무기로 물을 살짝 뿌리면 접착력이 약해져서 떼어낼 수 있다.

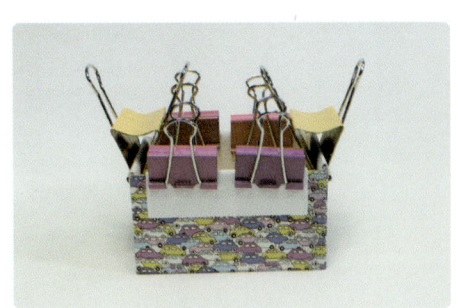

㉘ 집게를 이용하여 상자와 안지를 밀착시킨다.

O   X

Tip1! 본드가 마르기 전에 집게를 꽂으면 원단과 판지에 자국이 남으므로 얇은 판지나 원단을 덧대어 끼워준다.

Tip2! 끝부분이 잘 붙여야 완성도 있는 작품이 만들어지므로 가운데 부분이 아닌 끝부분을 집게로 집는다.

㉙ 상자 바깥 바닥지를 상자에 붙여준다.

Tip! 상자 바깥 바닥을 원단으로 마감하고 싶다면, 별도의 종이에 원단을 붙이고 시접을 모두 안쪽으로 접어 붙인 후에 상자 바닥에 붙여준다.

일자형 뚜껑

1) 일자형 뚜껑

①

②

③

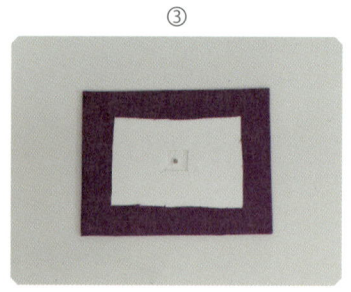

④

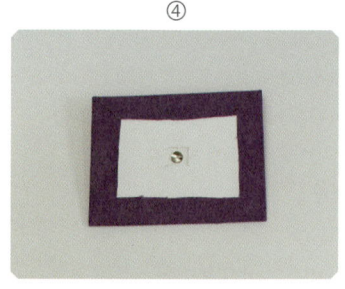

⑤

⑥

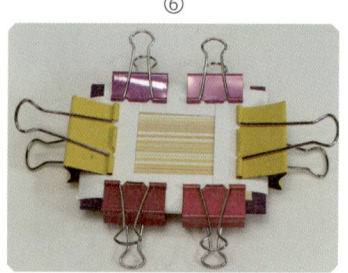

⑦

① 판지를 원단에 붙이고 시접은 모두 접어서 붙여준다.

② 뚜껑의 안쪽에 중심을 표시한다.

③ 송곳으로 구멍을 뚫은 후 솔트레지 나사의 두께만큼 칼로 판지를 파낸다.

④ 솔트레지를 끼운다.

⑤ 뚜껑과 뚜껑 안지를 붙여준다.

⑥ 서로 밀착되도록 집게로 집어준다.

⑦ 완성한다.

Tip! 일자형 뚜껑을 만들 때에는 상자의 본체보다 앞/뒤, 좌/우가 5mm 정도 튀어나오게 하는 것이 좋다.

2) 북형 뚜껑

북형 뚜껑

① 준비한 원단에 판지를 붙인다. 판지와 판지 사이는 약 4~5mm 정도 띄운다.

② 모서리 부분은 여유를 두고 자른다.

Tip! 너무 바짝 자르면 모서리에 구멍이 생긴다.

③ 시접을 안쪽으로 접어서 붙이고, 위쪽 판지 사이에는 뚜껑의 원단과 같은 조각을 덧대어 붙인다.

④ 상자의 바닥과 뒤쪽 면을 뚜껑에 밀착하여 붙인다.

⑤ 리본을 반으로 접어서 뚜껑 안쪽에 붙이고 그 위에 물테이프를 붙여준다.

⑥ 뚜껑 안지를 상자의 본체와 맞추어 붙여준다.

⑦　⑦

⑦ 무거운 것으로 눌러 서로 밀착되도록 한다.

⑧ 북형 상자를 완성한다.

Tip! 펀치로 구멍 뚫기

① 펀치와 망치를 준비한다.　② 원하는 위치에 펀치를 망치로 두드린다.

3) 원형상자

① 상자를 만들 판지와 안지를 준비한다.

② 물테이프를 15~20mm 정도로 핑킹가위로 잘라둔다.

Tip! 곡선은 물테이프를 붙이면 겹치는 부분이 많이 생기기 때문에 이를 방지하기 위해 핑킹가위로 자른 후 사용한다.

③ 판지가 잘 휘어지도록 스프레이로 물을 뿌린다.

④ 상자 바닥에 옆면을 둘러 길이를 맞추고 남는 부분은 자른다.

⑤ 한쪽 면에 물테이프를 붙인다.

⑥ 물테이프 면을 바닥에 두고, 반대쪽을 당겨서 원형으로 성형하여 붙여준다.

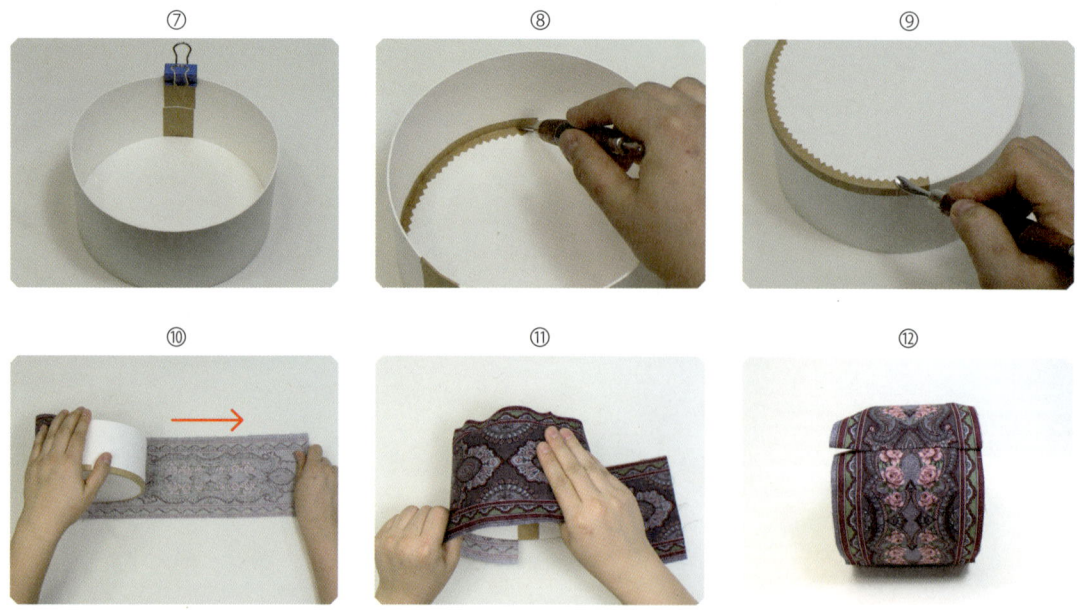

⑦ 물테이프를 붙인 후 원형이 잘 유지되도록 집게로 집어둔다.

⑧ 옆면이 잘 붙었으면 바닥 판지를 밀어 넣어서 맞춘 뒤 잘라둔 물테이프를 붙이고 모델러로 밀착시킨다.

⑨ 상자 바깥쪽 바닥에도 물테이프를 붙인다.

⑩ 원단을 붙이는 방향의 반대방향으로 당기면서 붙인다.

Tip1! 원단을 반대방향으로 당기는 이유는 원단이 구겨진 채로 상자에 붙지 않도록 하기 위해서이다.

Tip2! 스트라이프나 체크 무늬 원단은 무늬가 망가지므로 심하게 당기지 않는다.

⑪ 원단을 붙이는 중간중간 손으로 문질러서 공기를 빼내면서 원단이 잘 밀착될 수 있도록 한다.

Tip! 곡선이므로 도구보다 손이 편리하다.

⑫ 원단의 끝부분은 시접을 10mm 정도 접어서 붙여준다.

⑬ 위쪽 시접은 핑킹가위로 자른 뒤 접어서 상자 안쪽에 붙여준다.

⑭ 바닥 쪽 시접을 핑킹가위로 자른 뒤 상자에 붙인다.

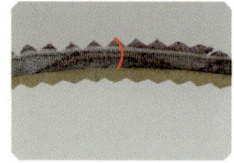

Tip! 상자에 너무 바짝 붙여 자르지 않는다.

⑮ 겹쳐진 부분이 튀어나오지 않도록 도구를 이용하여 밀착시켜준다.

⑯ 상자 바닥에 바닥지를 붙여준다.

⑰ 상자의 안지 바닥을 원단에 붙이고 핑킹가위로 시접을 자른다.

⑱ 바닥에 붙이고 시접은 상자 옆면에 붙인다.

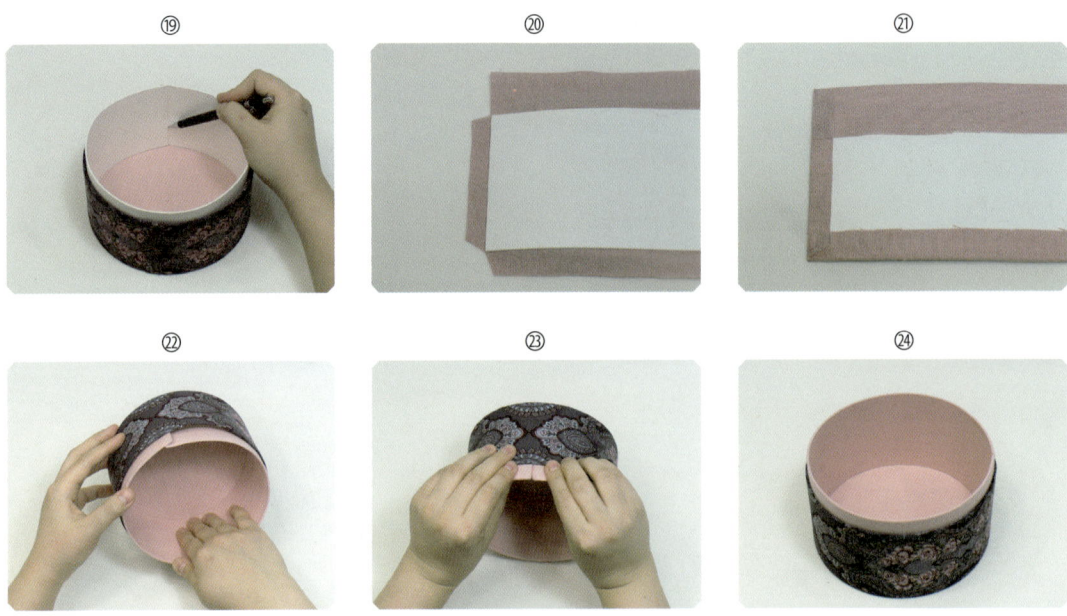

⑲ 안지 옆면의 사이즈를 맞춰 본다. 안지는 뚜껑을 잡아주기 위해서 상자 본체보다 약 7~10mm 정도 올라오게 한다.

⑳ 안지를 원단에 붙이고 모서리 위쪽은 직각으로, 아래쪽은 사선으로 자른다.

㉑ 좌, 우, 아래 시접을 붙인 뒤 위쪽 시접을 가장 나중에 붙인다.

㉒ 상자의 안쪽에 밀착시켜 붙인다.

㉓ 안지의 끝이 서로 겹쳐지지 않도록 한다.

㉔ 상자를 완성한다.

Tip! 상자의 튀어나온 부분은 뚜껑이 움직이지 않도록 잡아준다.

4) 원형 테두리 뚜껑

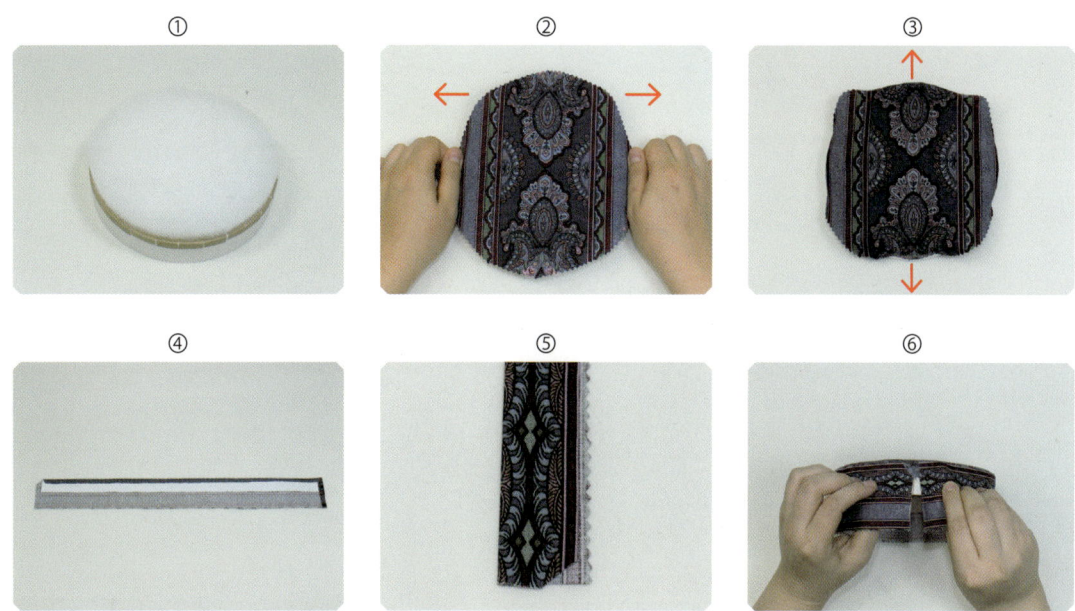

① 뚜껑은 '원형상자 만들기(51~52p) ③~⑨'과 동일하게 만들고 볼륨감을 주기 위해 솜을 뚜껑에 붙인다.

Tip! 솜은 양면테이프로 붙인다.

② 마주보는 면을 당기면서 붙인다.

③ 남은 부분들도 마주보는 면을 당기면서 붙인다.

④ 테두리 옆면 종이를 원단에 붙이고 위쪽 시접과 우측의 시접을 접어서 붙인다.

Tip! 옆면에 사용할 원단은 '테두리 높이 ×2+시접'으로 준비해둔다.

⑤ 원단을 접어 남은 시접을 3~4mm 여유를 두고 핑킹가위로 자른다.

⑥ ④번에서 남은 좌측 시접 부분부터 테두리에 둘러 붙인다.

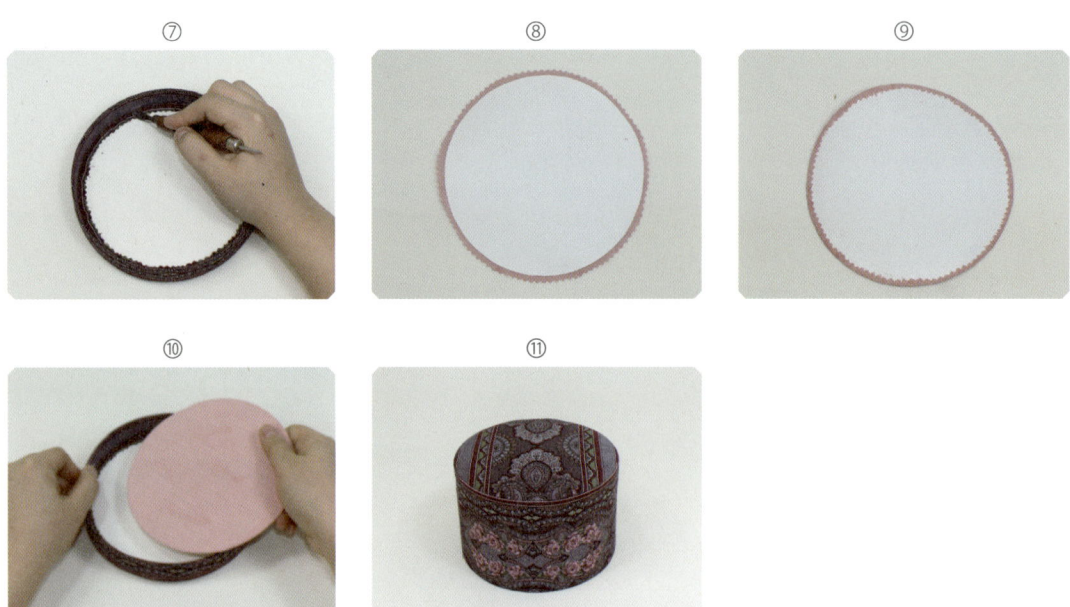

⑦ 시접을 접어 뚜껑 안쪽 옆면에 붙이고 남은 시접은 바닥 쪽에 붙인다. 이때 원단이 겹쳐서 두꺼워지지 않도록 모델러로 밀착
시킨다.

⑧ 뚜껑 안지를 원단에 붙이고 시접은 핑킹가위로 자른다.

⑨ 남은 시접을 모두 안지에 붙인다.

⑩ 완성된 안지를 뚜껑에 붙인다.

⑪ 완성된 뚜껑을 상자에 맞춰 본다.

Tip! 둥근 리벳 박기

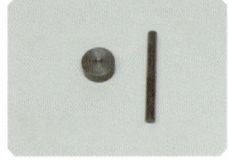

①종발과리벳세터를 준비한다.

②머리가 둥근 리벳을 준비한
다.

③머리에 수건을 받치고 망치
로 친다.

④완성한다.

PART
01

Cartonnage in
Dining Room

캡슐 커피보드

캡슐 커피보드

—

난이도 ☆

Σ 준비물 Ƨ

2.5mm 판지, 2mm 판지, 데코용 종이, 가죽지(혹은 미끄러운 종이), 자석 4개

Σ 조각 맞추기 Ƨ

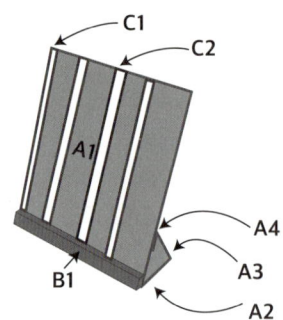

Σ 만드는 과정 Ƨ

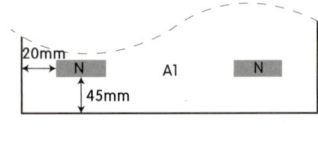

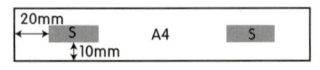

<u>1</u>

N극과 S극을 염두에 두고
자석을 붙인다.

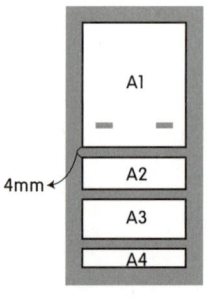

<u>2</u>

판지를 붙인다. A4는 자석을
안쪽으로 붙인다.

<u>3</u>

시접을 접어서 붙이고
뒷면을 한 번에 붙인다.

<u>4</u>

도구로 눌러 접히는 모양을 잡는다.

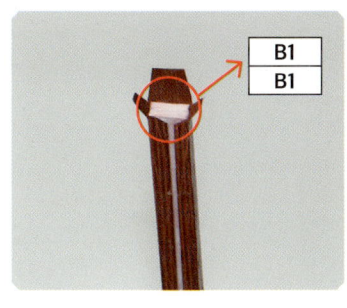

B1
B1

<u>5</u>

B1 2개를 붙인 뒤 가죽지로 싼다.

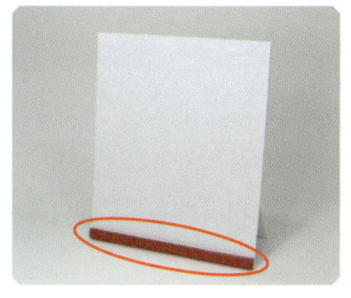

<u>6</u>

보드 하단에 <u>5</u>를 붙인다.

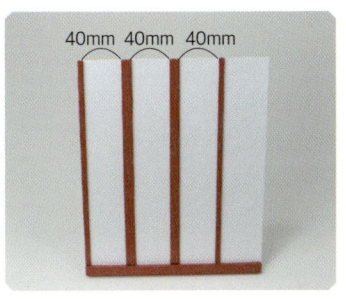

40mm 40mm 40mm

<u>7</u>

C1, C2를 가죽지로 싸고
보드에 붙인다.

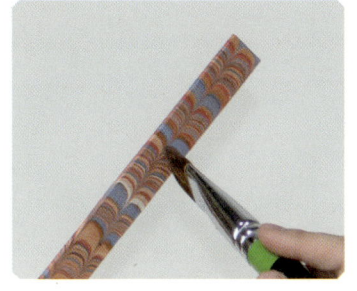

<u>8</u>

D1, D2를 종이로 싼 뒤
코팅제를 바른다.

<u>9</u>

D1을 끝에 맞춰 붙인다.

<u>10</u>

D2를 가운데 붙인다.

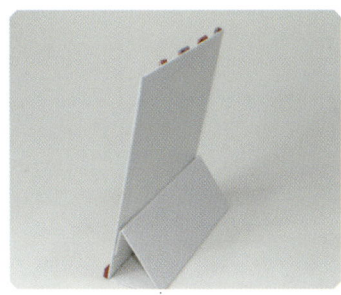

<u>11</u>

자석이 잘 붙는지 세워본다.

<u>12</u>

꽃을 장식한다.

Tip! 꽃을 장식하지 않는 경우
C2, D2를 한 개씩 더 준비한다.

Σ 상세 도안 Ɜ

◎ 상자

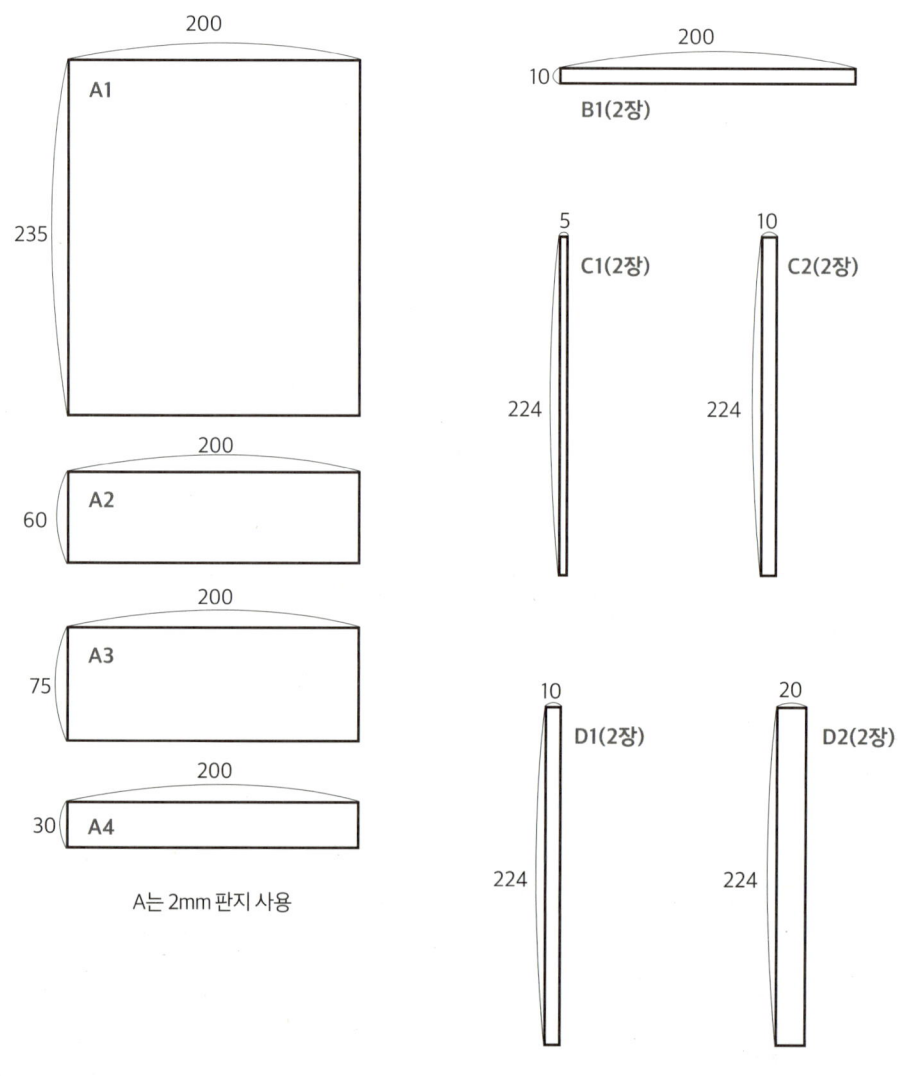

A는 2mm 판지 사용

B, C, D는 2.5mm 판지 사용

02

CARTONNAGE IN DINING ROOM

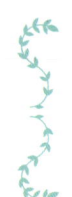

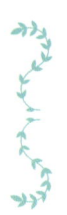

커피 박스

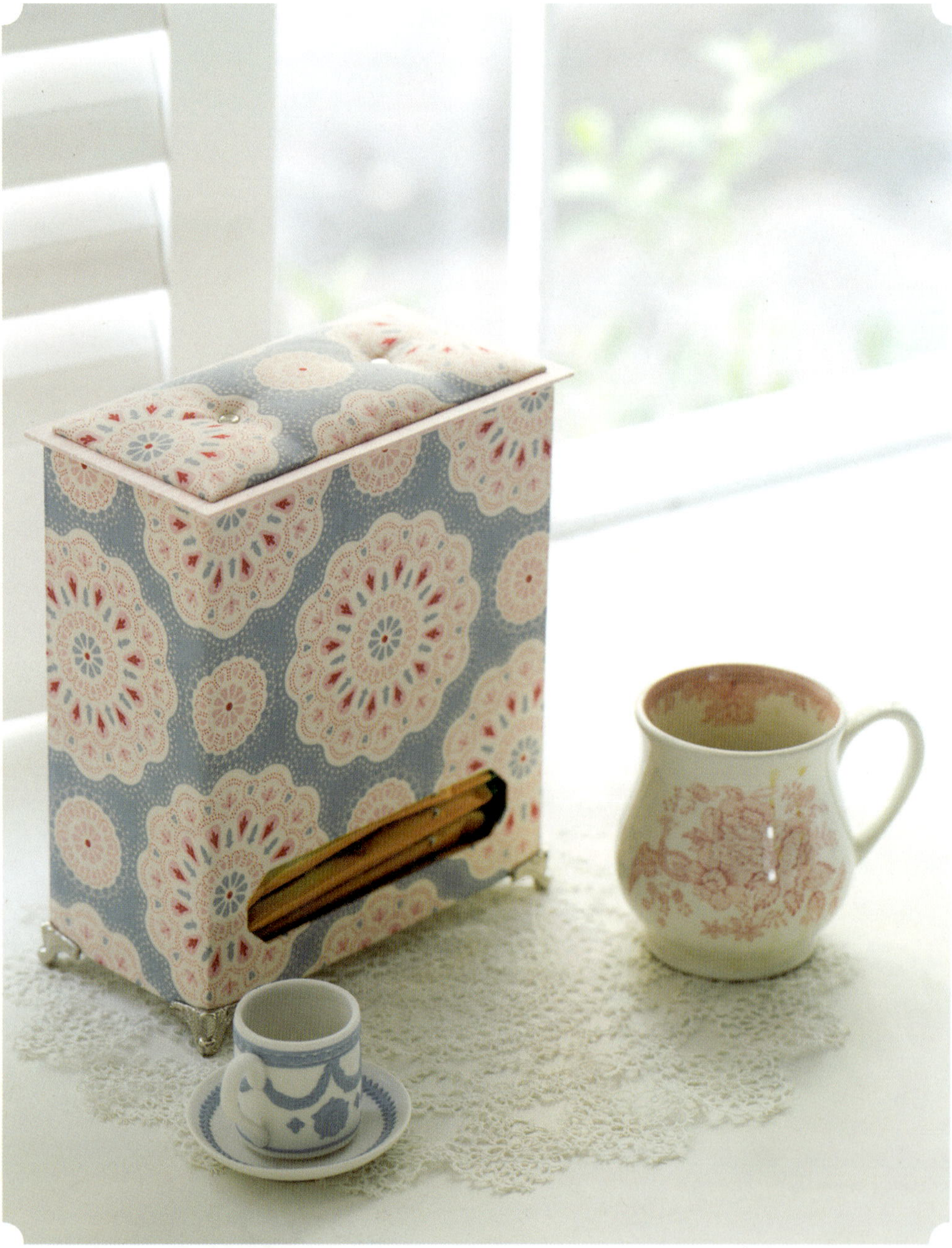

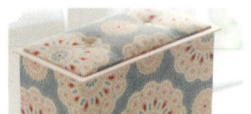

HOW TO MAKE

커피 박스

—

난이도 ☆☆

∑ 준비물 ℥

2mm 판지, 안지용 켄트지(혹은 가죽지), 원단,
솜, 리벳 2쌍, 금속다리 4개, 리벳용 도구

∑ 조각 맞추기 ℥

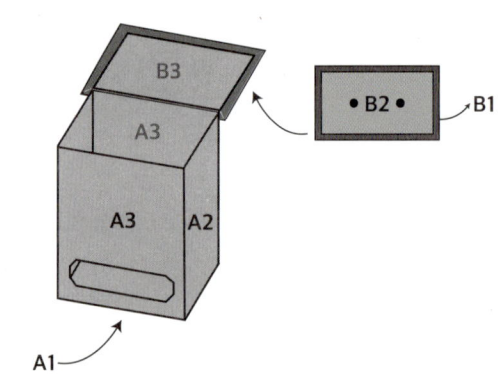

∑ 만드는 과정 ℥

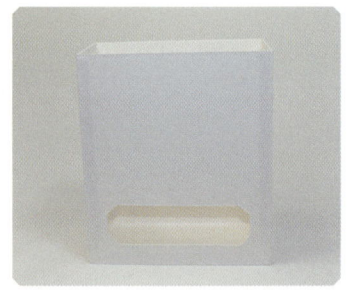

<u>1</u>

앞판지에 구멍을 뚫고
상자를 성형한다.

<u>2</u>

원단을 붙인 뒤 위쪽 시접만 남기고
시접은 붙인다.

<u>3</u>

안지로 사용할 가죽지는 칼등으로
눌러 시접을 잡아준 뒤 안쪽 바닥과
좌/우 면을 붙인다.

<u>4</u>

앞면 안지는 상자에 넣어 구멍의
위치를 표시하고 자른 후 붙인다.

Tip! 구멍 사이즈보다
2~3mm 정도 더 크게 잘라준다.

<u>5</u>

B2에 솜을 올려 원단으로 감싼 뒤
리벳을 박아준다.

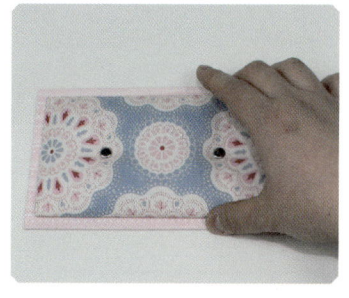

<u>6</u>

B1과 B2를 붙인다.

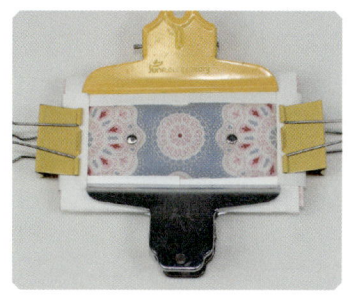

<u>7</u>

집게를 이용하여 뚜껑을
단단히 밀착시킨다.

<u>8</u>

뚜껑과 상자를 연결한다.

<u>9</u>

원단을 덧붙여준다.

<u>10</u>

상자의 뒤쪽에
안지를 붙인다.

<u>11</u>

B3을 뚜껑 안쪽에 붙인다.

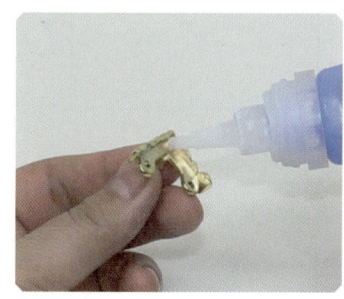

<u>12</u>

순간접착제를 이용하여
다리를 붙인다.

Σ 상세 도안 Ƹ

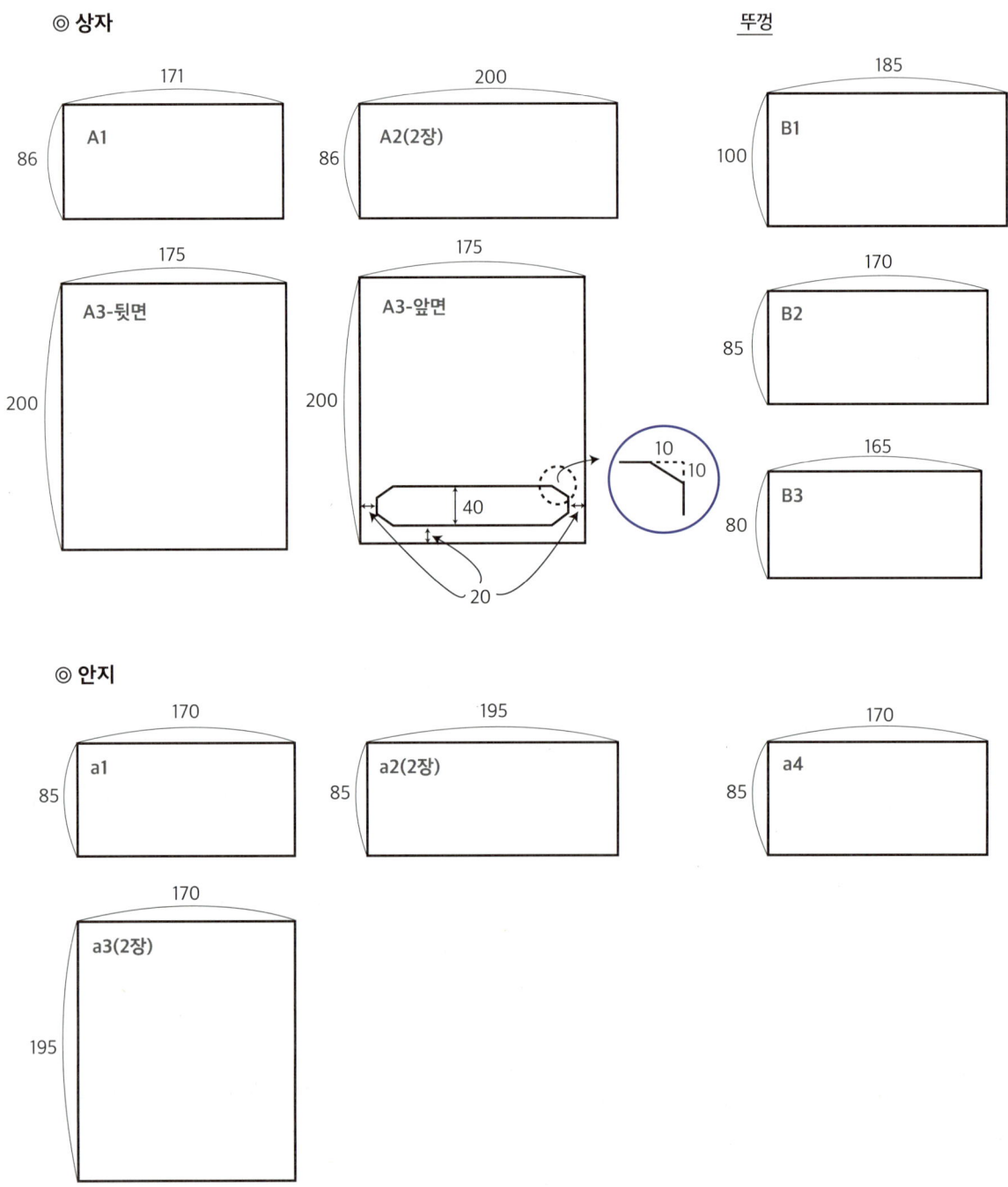

◎ 상자　　　　　　　　　　　　　　　　　　　　뚜껑

171　　　　　　　200　　　　　　　185

A1　　　　　A2(2장)　　　　B1

86　　　　　86　　　　　100

175　　　　　175

A3-뒷면　　　A3-앞면　　　　170

200　　　　　200　　　　　B2
85

40　　　　　10　10

20　　　　　165

B3
80

◎ 안지

170　　　　　195　　　　　170

a1　　　　　a2(2장)　　　　a4

85　　　　　85　　　　　85

170

a3(2장)

195

03

CARTONNAGE IN DINING ROOM

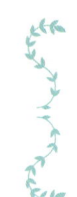

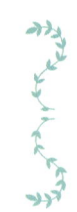

8각 접시 세트

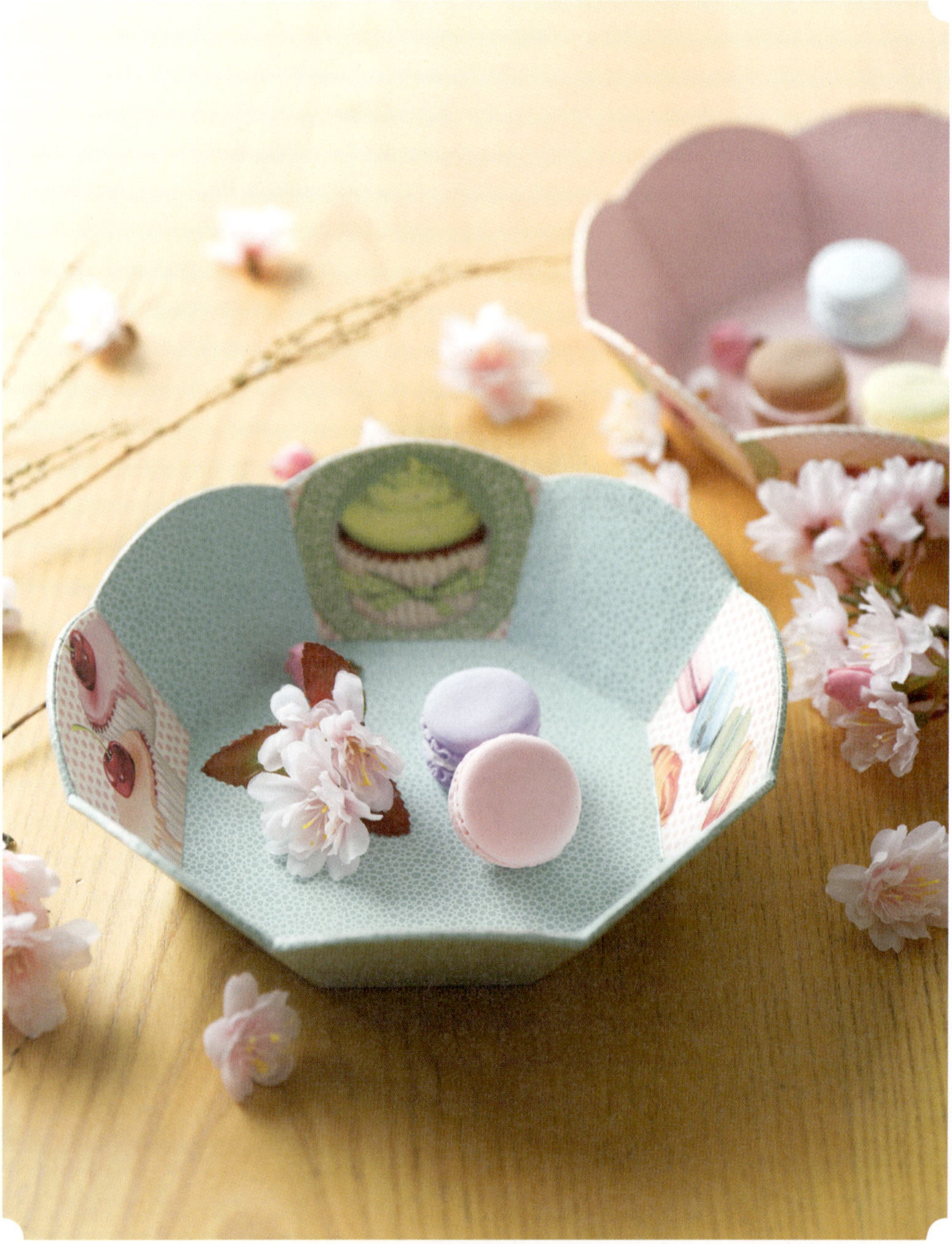

8각 접시 세트

—

난이도 ☆

Σ 준비물 Ƨ

2mm 판지, 안지용 켄트지(혹은 가죽지), 데코용 종이(혹은 원단) , 마감재

Σ 조각 맞추기 Ƨ

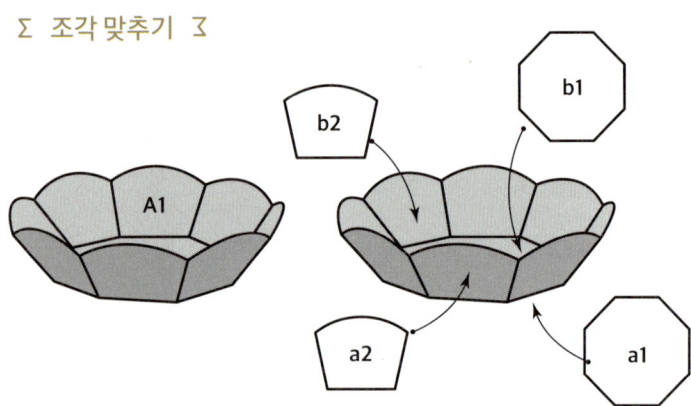

Σ 만드는 과정 Ƨ

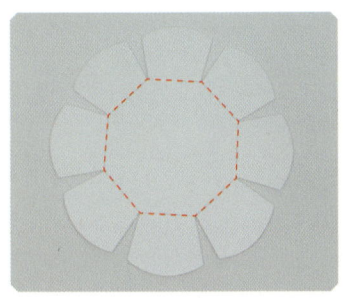

<u>1</u>

바닥 부분은 반칼로 자른다.

<u>2</u>

옆면은 본드와
물테이프로 고정한다.

<u>3</u>

한 칸씩 건너 뛰며
4면만 원단을 붙인다.

4

윗부분을 핑킹가위로 자른 뒤
시접을 안쪽으로 붙인다.

5

나머지 면은 켄트지를
이용하여 붙인다.

6

바깥 바닥에 바닥지를 붙인다.

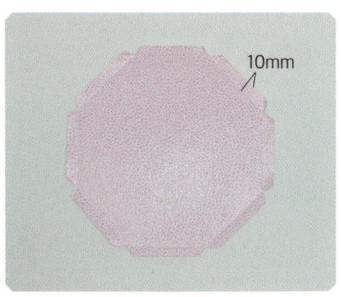

10mm

7

8면의 시접(10mm)을 살려
바닥지를 준비한다.

8

접시 안쪽 바닥을
붙인다.

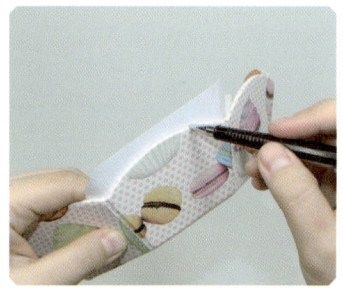

9

옆면 안지를 접시에 넣어
곡선 부분의 사이즈를 맞춘 후 자른다.

10

안쪽 옆면 4개를
시접을 살려서 붙인다.

11

나머지 4면은 시접 없이 붙인다.

Tip 데코 종이를 사용 시 마감재를
발라주면 오래 사용 할 수 있다.

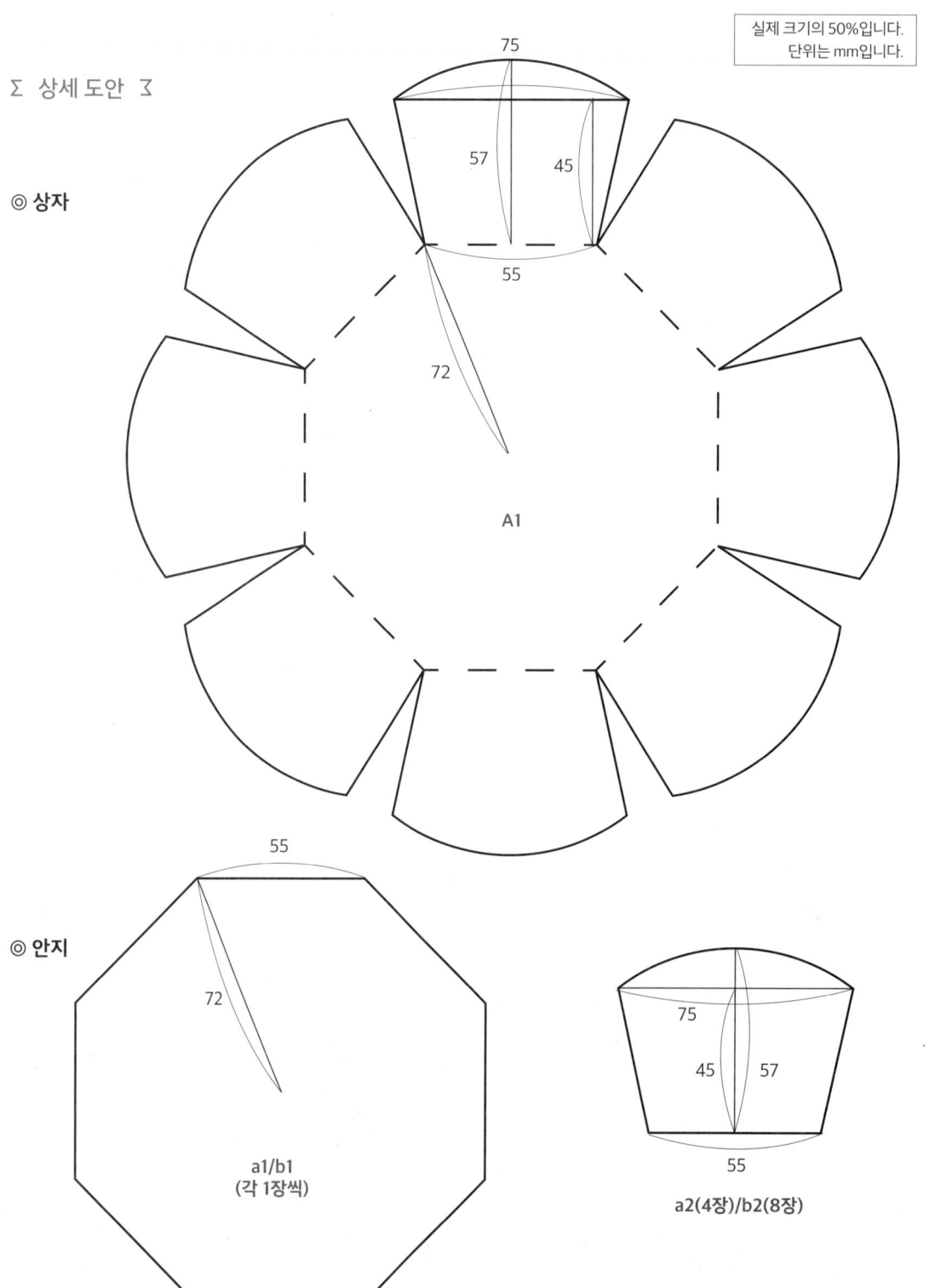

∑ 상세 도안 ∫

◎ 상자

실제 크기의 50%입니다.
단위는 mm입니다.

75

57   45

55

72

A1

◎ 안지

55

72

a1/b1
(각 1장씩)

75

45   57

55

a2(4장)/b2(8장)

04

CARTONNAGE IN DINING ROOM

레시피 박스

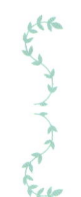

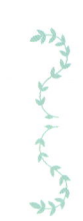

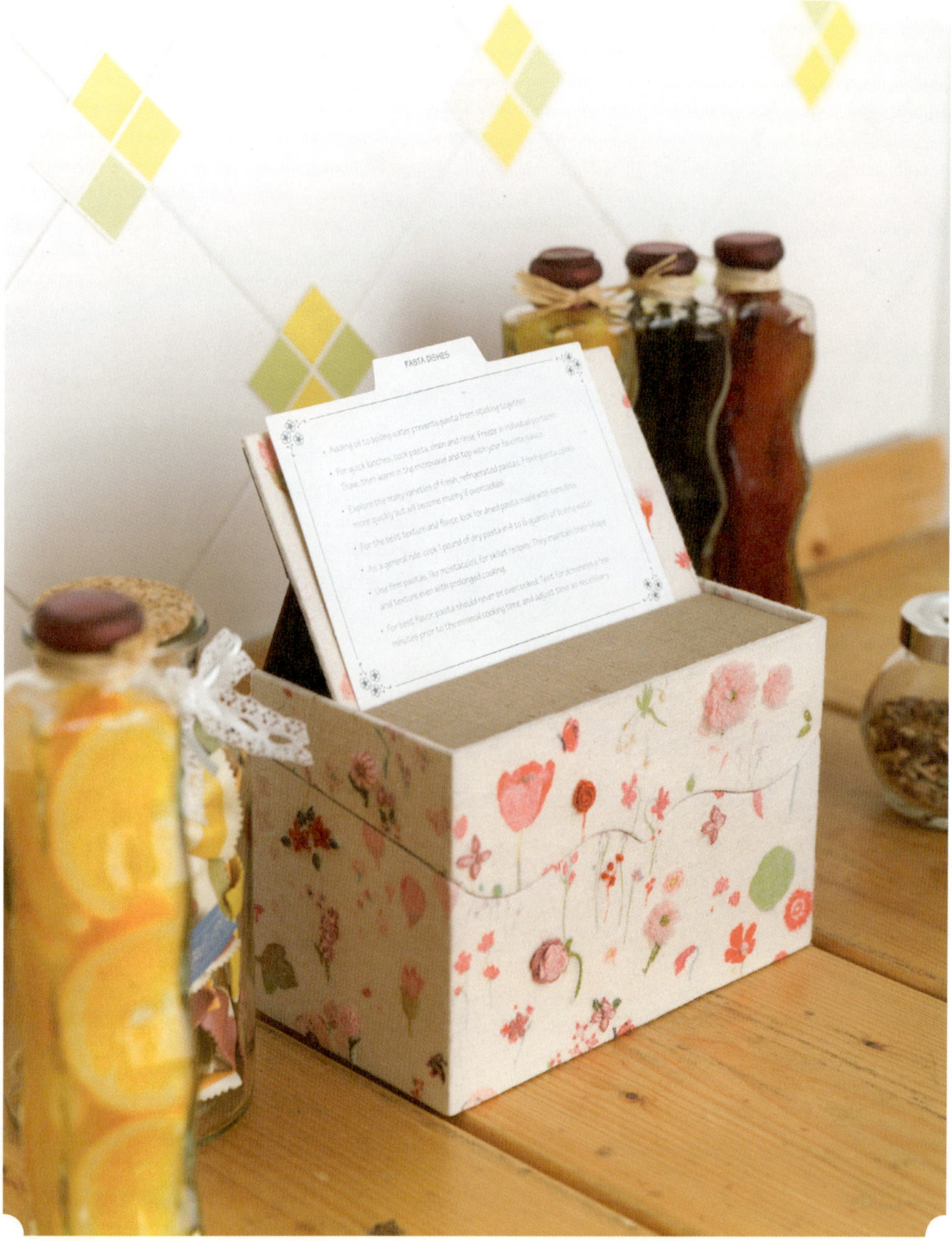

레시피 박스

—

난이도 ☆☆☆

Σ 준비물 ℑ

1mm 판지, 2mm 판지, 안지용 켄트지, 가죽지, 원단

Σ 조각 맞추기 ℑ

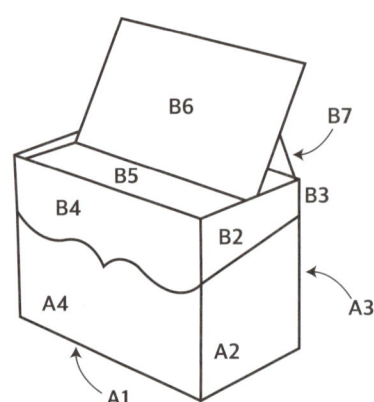

Σ 만드는 과정 ℑ

1

상자를 성형한다.

2

뒷면 시접만 남기고 모두 붙인다.

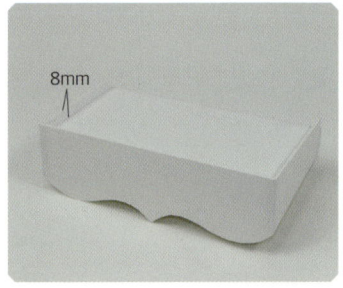

3

8mm의 공간을 두고 성형한다.

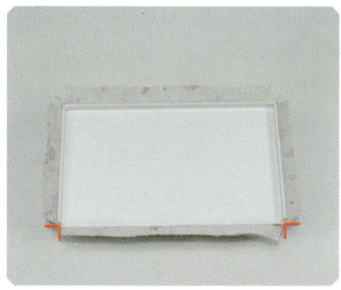

4

시접은 15mm 정도 남기고 자른다.

5

시접을 모두 붙인다.
Tip! 그림이 있는 원단에 자수를 놓아
입체적인 느낌을 더 할 수 있다.

6

지지대(B7)는 5mm 정도 띄우고
붙인 뒤 모서리를 자른다.

7

뚜껑에 붙일 부분을 제외하고
시접을 모두 붙인다.

8

7을 뚜껑에 붙인다.
(꺾이는 방향 유의!)

9

B5 2장을 붙인 뒤
원단으로 싼다.

10

9를 뚜껑 위에 붙인다.

11

받침대(B6)는 원단으로 싼다.

12

받침대의 바닥과 상자의 바닥에
바닥지를 붙인다.

<u>13</u>

8의 지지대 가장 윗면에 풀칠하여
<u>11</u>을 붙인다.

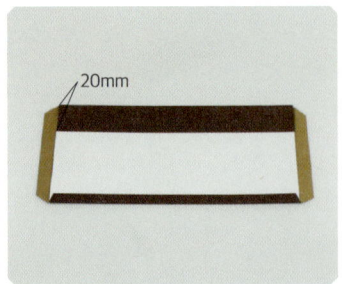

<u>14</u>

A5를 가죽지에 붙여
위, 아래 시접을 붙인다.

<u>15</u>

상자 안쪽에 바닥 안지(a1)와
<u>14</u>를 붙인다.

<u>16</u>

뚜껑 아래쪽의 바닥과 앞면에
안지(b1, b4)를 붙인다.

<u>17</u>

상자에 남겨두었던 시접을
뚜껑에 붙인다.

<u>18</u>

뚜껑과 상자 사이를
덧댄다.

<u>1 9</u>

상자의 뒷면에
안지(a3)를 붙인다.

<u>2 0</u>

리본을 붙인다.

<u>2 1</u>

상자의 양쪽 옆면에
안지(a2)를 붙인다.

<u>2 2</u>

뚜껑 안쪽 뒷면에
안지(b3)를 붙인다.

<u>2 3</u>

상자의 리본을 뚜껑에
연결하여 붙인다.

<u>2 4</u>

뚜껑 안쪽의 옆면에
안지(b2)를 붙인다.

Σ 상세도안 Ƹ

◎ 상자

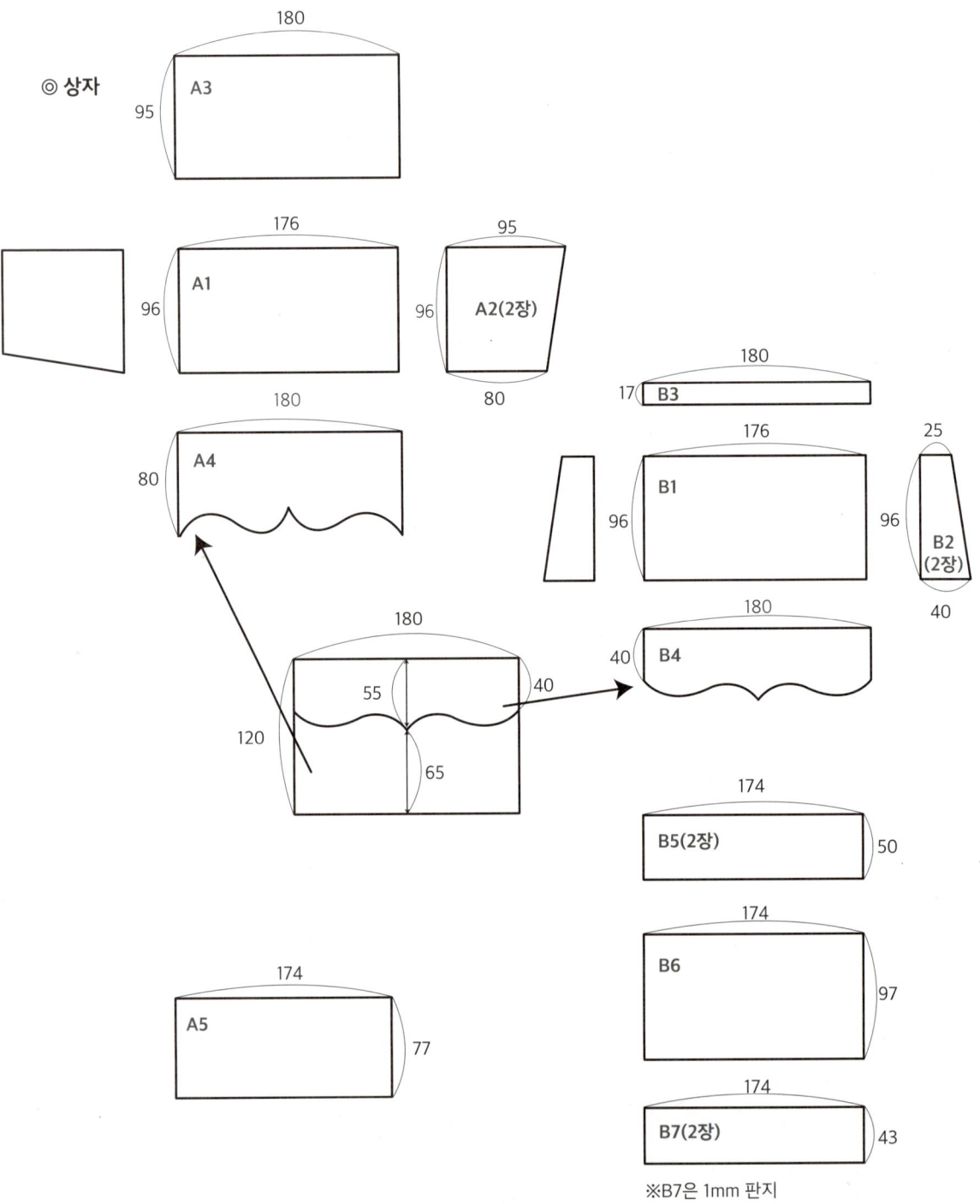

180
A3
95

176
A1
96

95
A2(2장)
96
80

180
B3
17

180
A4
80

176
B1
96

25
B2
(2장)
96
40

180
55 65
120
40

180
B4
40

174
B5(2장)
50

174
B6
97

174
A5
77

174
B7(2장)
43

※B7은 1mm 판지

084

◎ 안지

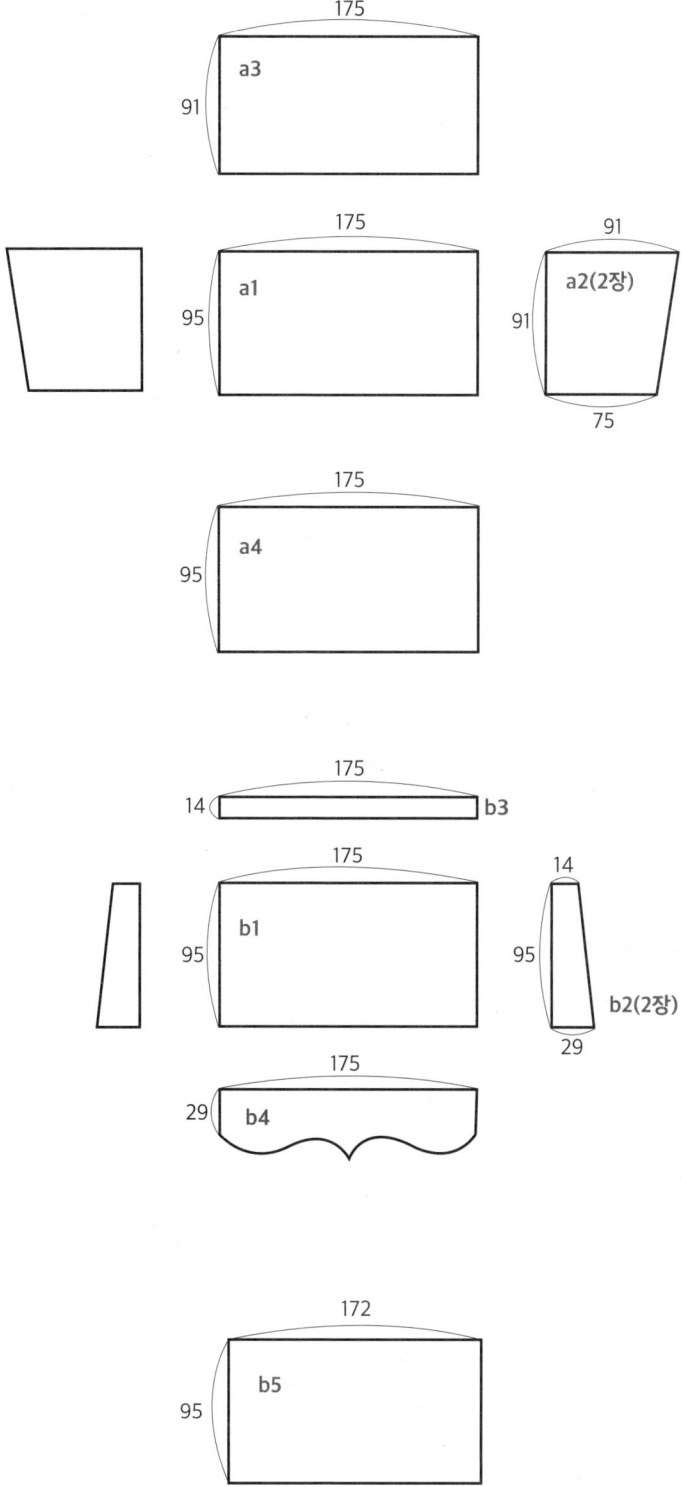

a3 175 91

a1 175 95   a2(2장) 91 91 75

a4 175 95

b3 175 14

b1 175 95   b2(2장) 14 95 29

b4 175 29

b5 172 95

05

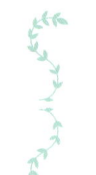

CARTONNAGE IN DINING ROOM

칸막이 스탠드

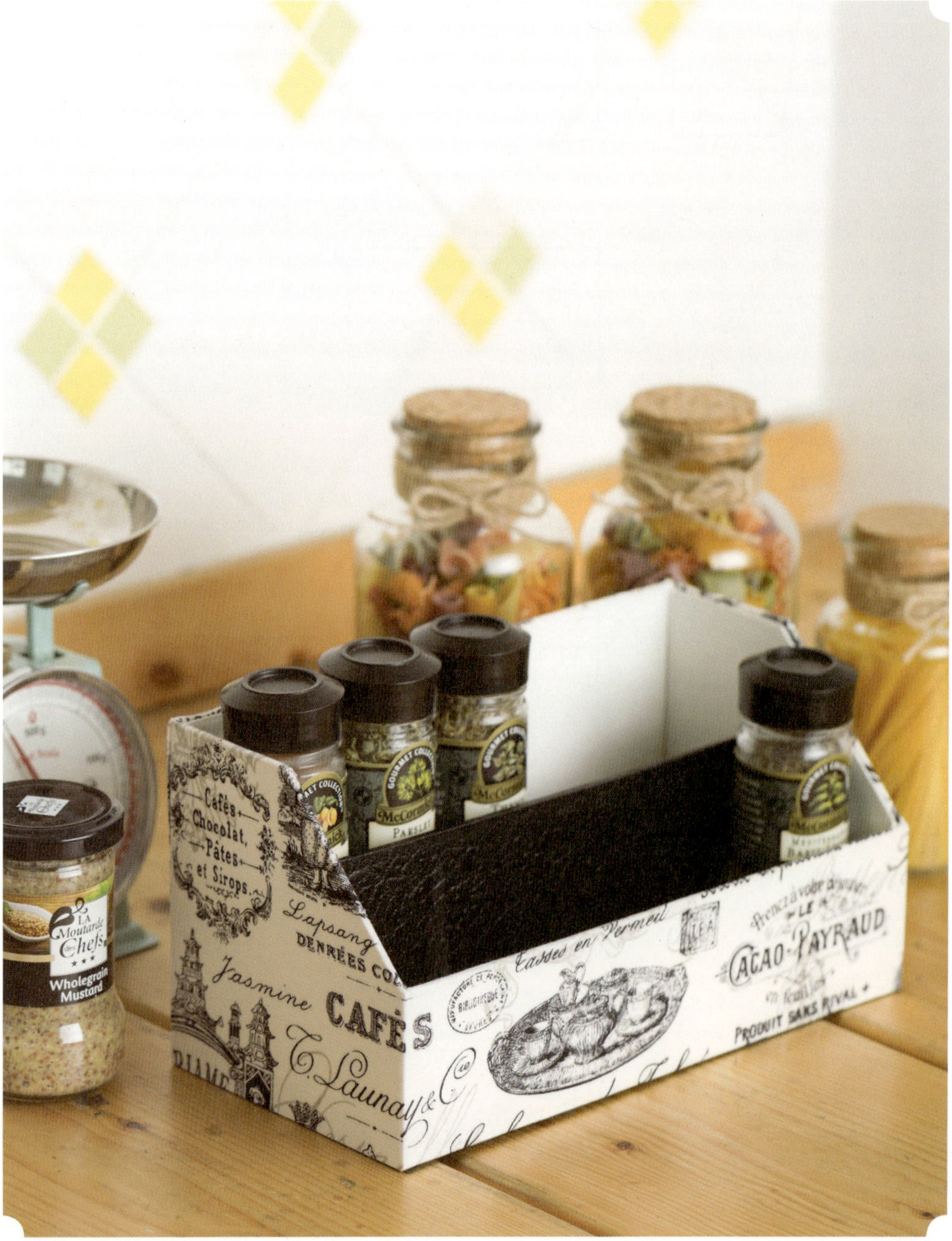

칸막이 스탠드

—

난이도 ☆☆

Σ 준비물 ℨ

2mm 판지, 안지용 켄트지(혹은 가죽지), 원단

Σ 조각 맞추기 ℨ

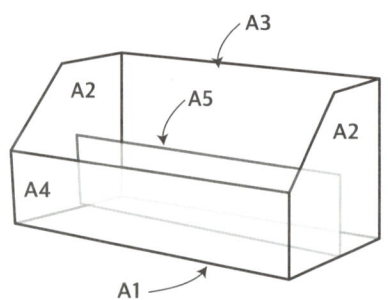

Σ 만드는 과정 ℨ

_1_

상자를 성형한다.

_2_

칸막이는 가죽지를 반으로 접어
붙인 뒤 아래쪽의 모서리만
사선으로 잘라둔다.

_3_

상자의 가운데에 칸막이를 붙인다.

4
원단으로 싼 뒤 시접을
10mm 정도 남기고 자른다.

5
앞면과 옆면이 만나는 모서리는
원단을 덧대어 주고, 모든 시접은
접어 붙인다.

6
a1을 원단에 붙이고
모서리를 사선으로 자른 뒤 위쪽
시접만 접어서 붙여준다.

7
상자 안쪽 바닥에 붙인다.

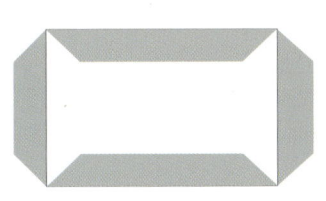

8
앞(a4)/ 뒤(a3)면 안지를 위/아래
시접은 접어서 붙이고 좌우는
상자 옆면에 붙인다.

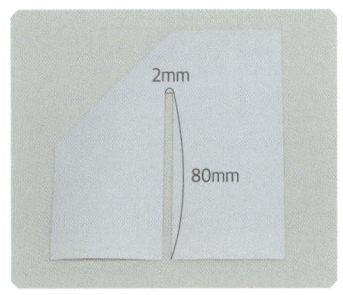

2mm

80mm

9
a2는 칸막이가 있는 부분만큼
잘라낸 뒤 사이즈를 맞춰 본다.

10
옆면은 서로 반대방향이
되도록 붙인다.

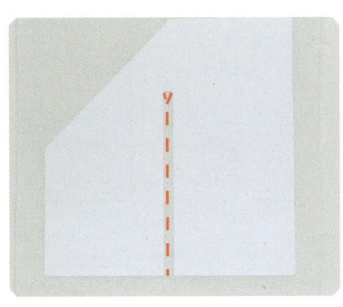

11
가운데 부분은 Y자로 잘라 안쪽으로
붙이고, 시접을 모두 붙인다.

12
11을 상자 옆면에 붙인 후
바깥 바닥에 바닥지를 붙인다.

Σ 상세 도안 Ʒ

실제 크기의 20%입니다.
단위는 mm입니다.

◎ 상자

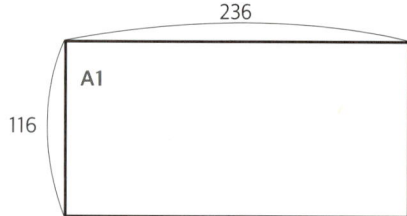

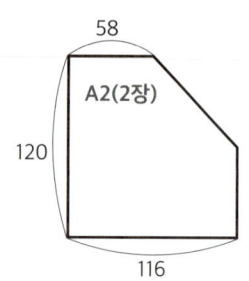

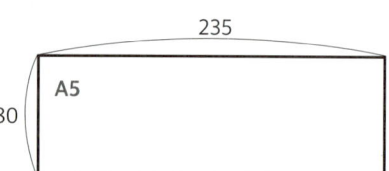

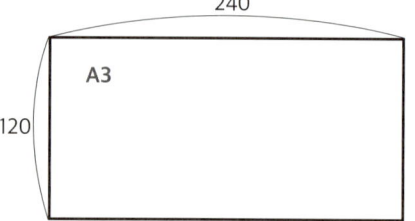

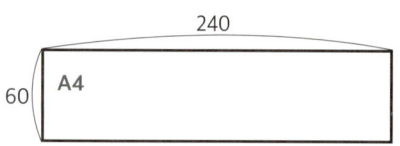

◎ 안지

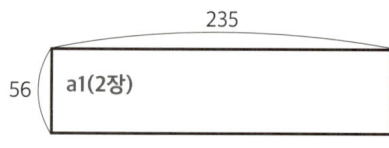

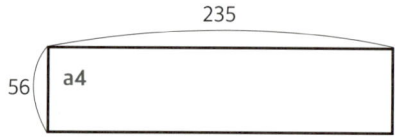

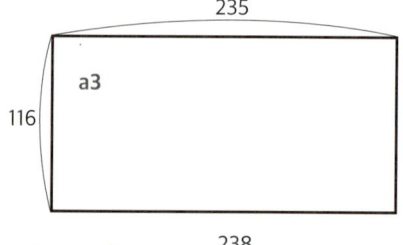

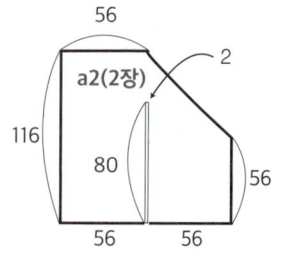

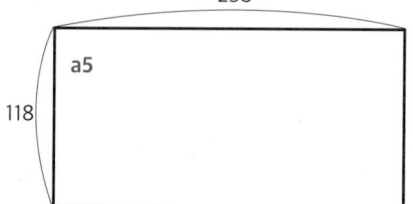

히로카 치하루(Hirooka Chiharu)

라 바게뜨 아뜰리에(La Bagutte Atelier), 카마쿠라, 교토

유럽에서 공부하고 일본에서 활동하고 있는 매우 유명한 까또나주 작가이다. 가마쿠라, 교토에 직접 까또나주 아틀리에를 운영하고 있으며, NHK 아오야마 등에서 까또나주 강좌를 운영하고 있다.

그녀의 작품은 유럽 분위기의 고급스럽고 세련된 장식이 독창적인 작품을 만들어 일본에서 인정받는 작가이다. 그녀의 교육은 커리큘럼이 있는 정규 과정 형태가 아니라 수강생들이 원하는 작품을 선택하고 개개인의 창의성을 끌어내는 형태로 운영하고 있다. 유럽의 작가들에 비해 수강료가 비교적 저렴하다. 하지만 매우 인기 있는 작가로서 몇 달 전부터 강좌 스케줄의 예약이 이미 완료되어 있다.

한국의 사부작스튜디오(Sabu作 Studio)와는 정기적으로 교류를 하고 있으며, 매년 1회 그녀의 스케줄에 맞춰 일본을 방문하여 직접 배워보는 프로그램을 운영 중에 있다.

PART
02

Cartonnage in
Powder Room

01

CARTONNAGE IN POWDER ROOM

바스켓

HOW TO MAKE

바스켓

—

난이도 ☆☆

2mm 판지, 안지용 켄트지(혹은 가죽지), 원단 , 대패, 금속다리 4개

Σ 조각 맞추기 Ƹ

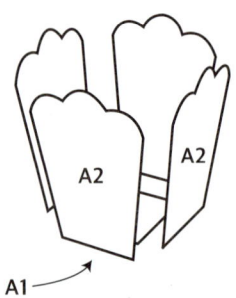

Σ 만드는 과정 Ƹ

1

옆면 모서리를 대패로 밀어서
45도에 맞춘다.

2

옆면을 먼저 붙이고
바닥 판지를 붙여준다.
Tip! 일반상자는 바닥에 판지를 붙이는
순서로 성형을 하지만, 바스켓은 옆면을
먼저 붙이고 바닥을 붙여준다.

3

나머지 면을 붙인다.

4

마주보는 면에 원단을 붙이고
좌/우 시접을 상자에 붙인다.

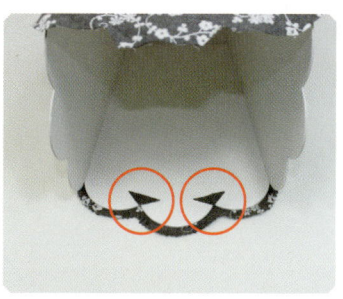

5

원단을 덧댄 뒤 위/아래
시접을 정리한다.
Tip! 파인 부분은 시접이
모자를 수 있어 원단을 덧댄다.

6

나머지 2면은 원단을 켄트지에 붙이고
좌/우 시접을 정리한 후 상자에 붙이고
5 과정을 반복한다.

7

바닥 안지는 시접을 살려
상자에 붙여준다.

8

옆면용 안지를 넣어 정확하게
곡선을 맞추어 사이즈를 조정한다.

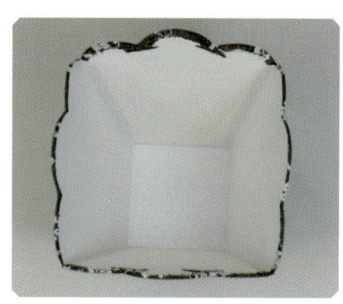

9

마주보는 2면의 안지를 좌/우
시접만 살려 붙인다.

10

남은 2면을 시접 없이 정리 후 붙인다.

11

바닥지를 붙인다.

12

다리를 붙인다.
Tip! 금속다리와 붙이는 면의 모서리가
잘 맞지 않는다면 순간접착제보다는
글루건이 편리하다.

Σ 상세 도안 Ƹ

◎ 상자

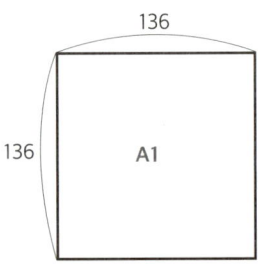

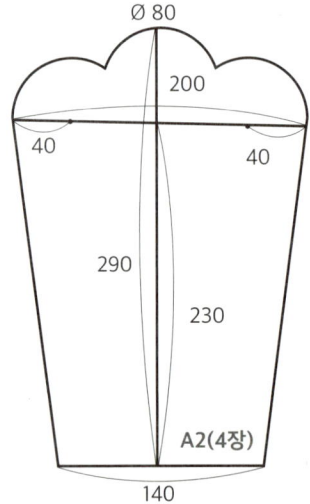

◎ 안지

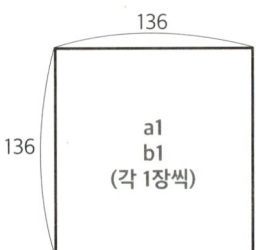

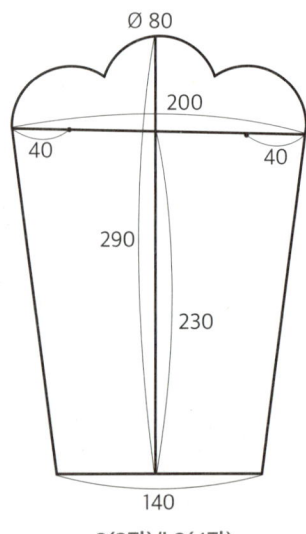

a2(2장)/b2(4장)

02

CARTONNAGE IN POWDER ROOM

보석상자

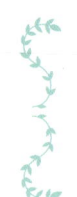

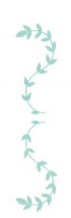

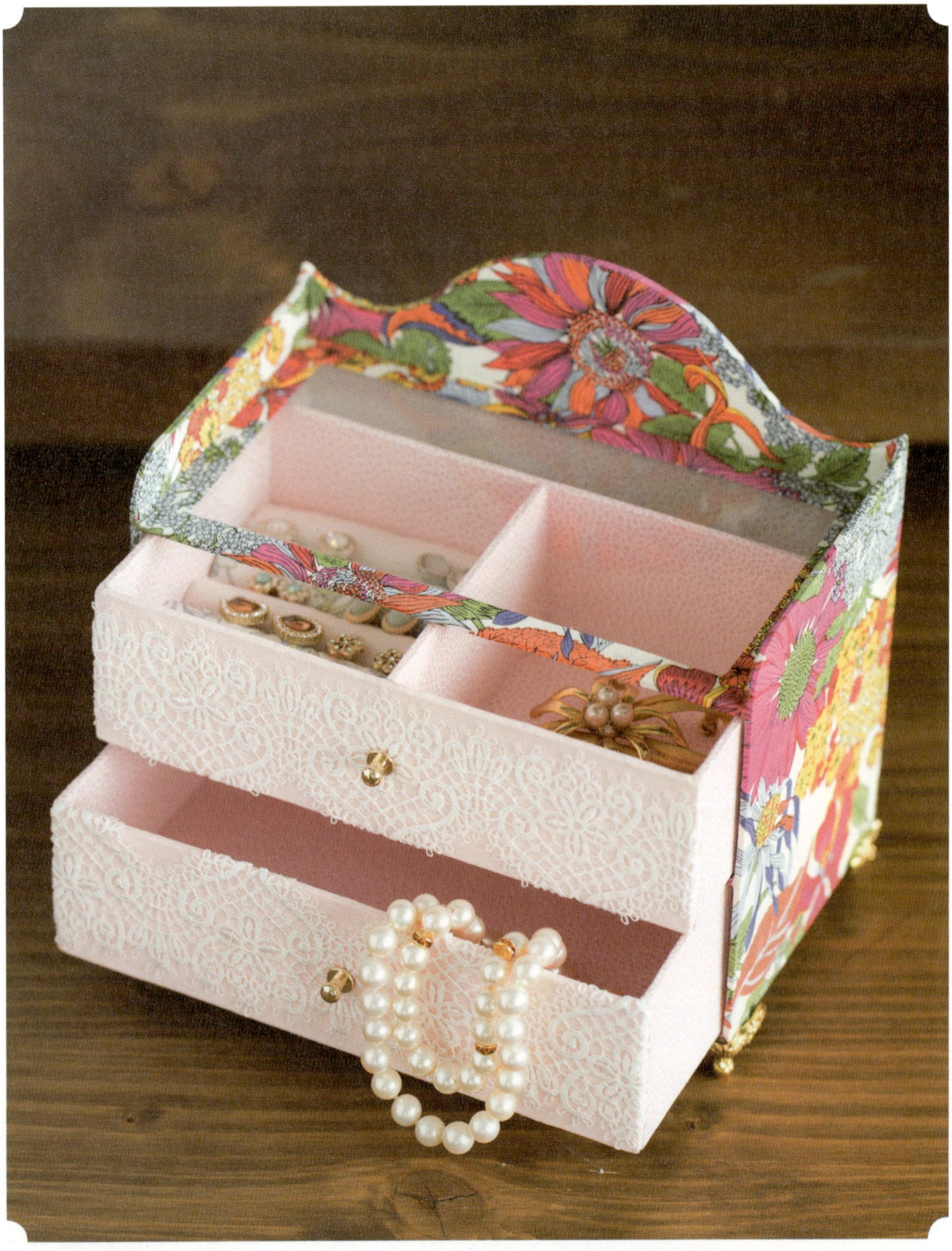

HOW TO MAKE

보석상자

—

난이도 ☆☆☆

Σ 준비물 ℥

2mm 판지, 안지용 켄트지(혹은 가죽지), 원단, 솜,
2mm 아크릴, 금속다리 4개, 솔트레지 2개

Σ 조각 맞추기 ℥

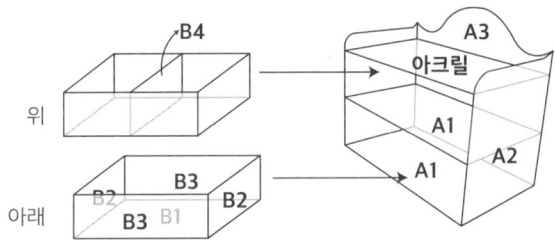

Σ 만드는 과정 ℥

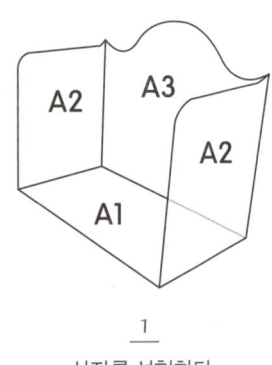

1

상자를 성형한다.

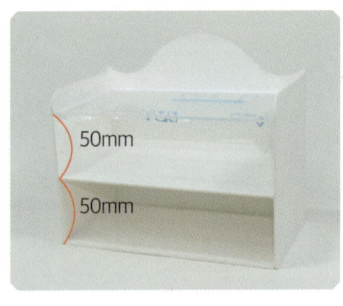

2

A1과 아크릴을
50mm 간격으로 붙인다.

3

상자 옆/뒷면에 원단을 붙인다.

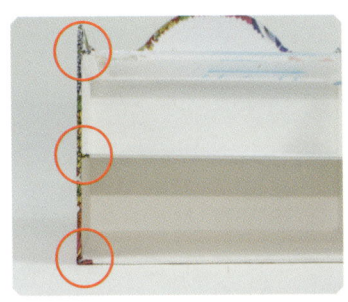

<u>4</u>

칸막이 부분 시접은 일자로 붙인다.

<u>5</u>

a1을 원단에 붙이고
창 안쪽 시접은 접어 붙인다.

<u>6</u>

창 앞쪽 시접은 안쪽으로 접어 붙이고,
뒤쪽 시접은 뒷면에 붙인다.

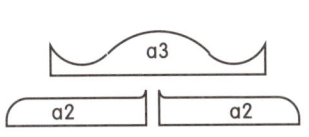

<u>7</u>

안지를 잘라
사이즈를 맞춰본다.

<u>8</u>

a2를 원단으로 싼 뒤
뒤쪽 시접만 살려 붙인다.

<u>9</u>

a3은 원단으로
시접 없이 싼 뒤 붙인다.

<u>1 0</u>

칸막이 폭에 맞춰
원단을 2개 자른다.

<u>1 1</u>

<u>10</u>의 원단을 붙인다.

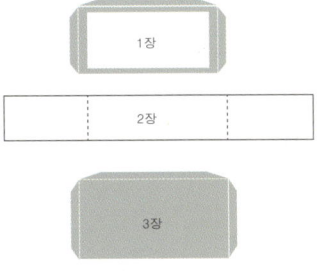

<u>1 2</u>

서랍의 안지들을 준비한다.
Tip! 서랍이나 안지가 많은 상자의 안지는
가죽지나 종이를 이용하는 것이 편리하다.

<u>13</u>

상자 안쪽에 안지를 붙인다.
Tip! 원단을 사용하여 안지를 붙일 경우
서랍을 조금 더 작은 사이즈로 제작한다.

<u>14</u>

서랍을 성형한다.

<u>15</u>

서랍 앞쪽에 원단과 레이스를 붙인다.

<u>16</u>

손잡이를 끼운다.

<u>17</u>

칸막이를 만든다.

<u>18</u>

서랍 바깥쪽을 원단으로 싼 뒤
시접을 접어 붙인다.

<u>19</u>

칸막이 부분에 원단을 붙인다.

<u>20</u>

서랍 바닥에 안지를 붙인다.

<u>21</u>

옆면 안지를 붙인다.

<u>22</u>

바깥 바닥에
바닥지를 붙인다.

<u>23</u>

완성된 서랍은 본체에 끼워서
하루 정도 건조시킨다.

<u>24</u>

다리를 달아준다.

Σ 상세 도안 Ƹ

◎ 상자

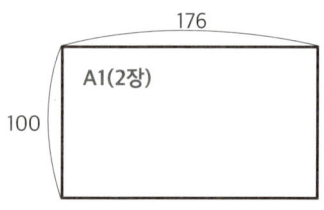

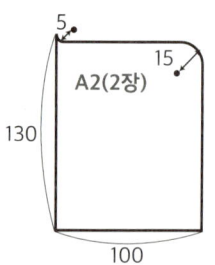

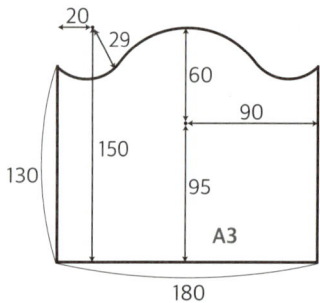

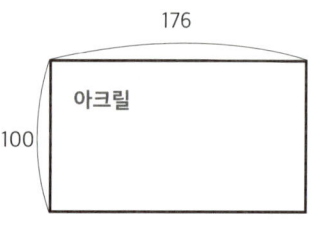

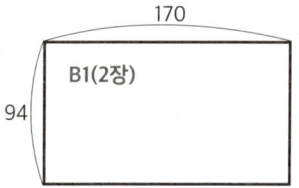

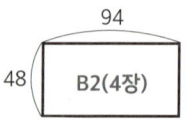

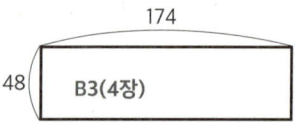

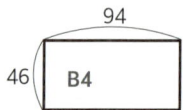

◎ 안지

상자

a2(2장) 25
100

a3 35
176

a1
176
100
80
156

a6(2장)
371
49
98 175 98

a5(3장)
a7(1장)
175
98

a4
175
98
82
158

서랍

b1(2장)
83
93

b2(4장)
93
44

b3(4장)
83
44

b4
169
93

c1
169
93

c2(2장)
93
44

c4
169
93

c3(2장)
169
44

109

03

CARTONNAGE IN POWDER ROOM

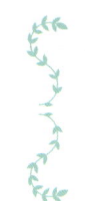

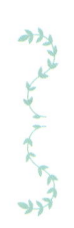

사각쟁반

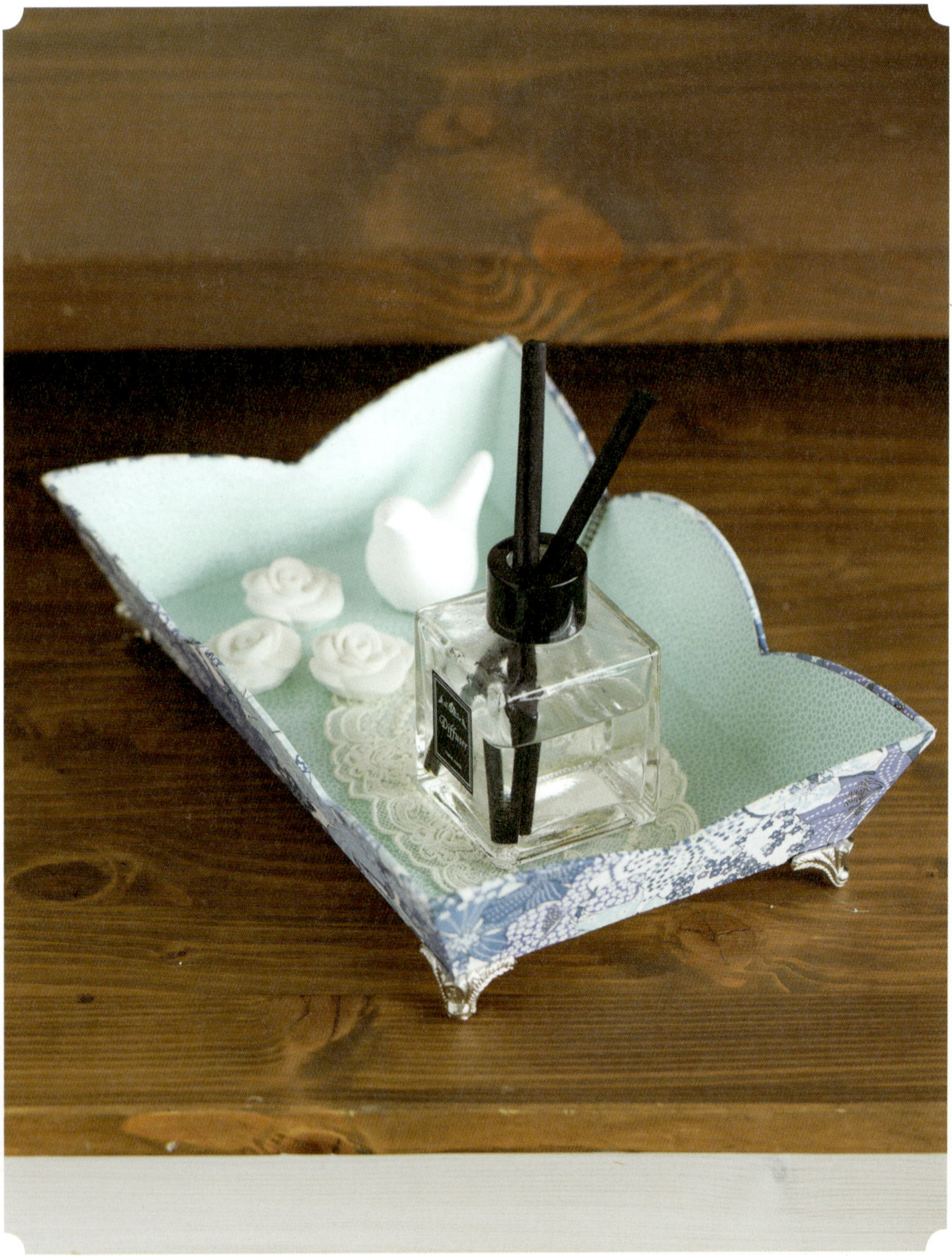

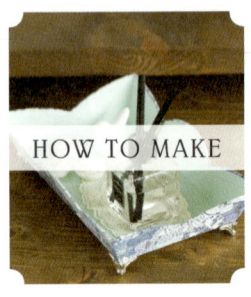

HOW TO MAKE

사각쟁반

—

난이도 ☆☆

Σ 준비물 ℥

2mm 판지, 안지용 켄트지(혹은 가죽지), 원단, 금속다리 4개

Σ 조각 맞추기 ℥

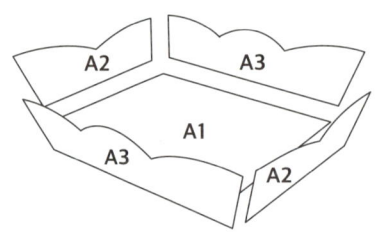

Σ 만드는 과정 ℥

1

A2, A3 옆면은 대패를 이용하여
45도로 잘라준다.

2

쟁반을 성형한다.

3

앞/뒤면에 원단을 붙이고
곡선은 핑킹가위로 자른 뒤 움푹 파인
부분은 가위집을 낸다.

<u>4</u>

곡선이 만나는 부분은
원단 조각을 덧댄다.

<u>5</u>

시접은 안쪽으로
접어서 붙여준다.

<u>6</u>

옆면과 동일한 모양의 종이에 원단을
붙여 좌/우 시접만 정리한 후 쟁반에
붙인 다음 위아래 시접을 붙인다.

<u>7</u>

쟁반의 안지를 바닥에 붙인 뒤
시접을 옆면에 붙인다.
※ 안지를 원단으로 한다면 '기본사각
상자만들기'(45~47p) ㉑~㉗을 참고한다.

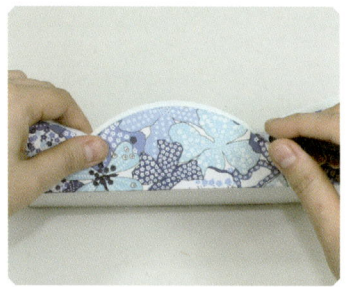

<u>8</u>

안지를 쟁반에 대어
사이즈를 조절한다.

<u>9</u>

앞/뒷면을 붙이고 좌/우 시접은
쟁반에 붙인다.

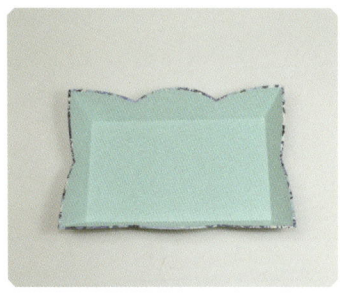

<u>10</u>

나머지 옆면을 붙여서 완성한다.

<u>11</u>

바깥 바닥에 종이를 붙인다.
Tip! 본드를 많이 이용하면 바닥이
매끄럽게 되지 않으므로 도구로 본드를
바깥쪽으로 밀어낸다.

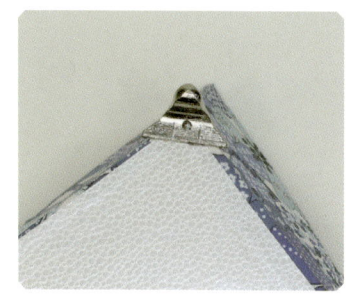

<u>12</u>

금속 다리를 붙인다.

Σ 상세 도안 Ζ

◎ 상자

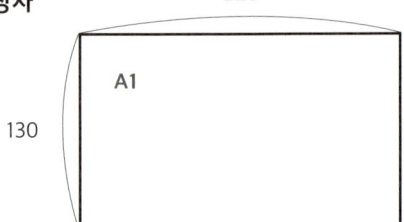

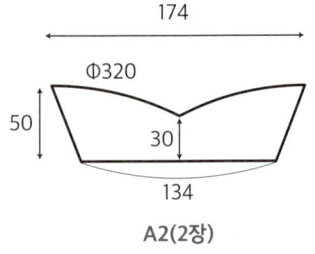

A2(2장)

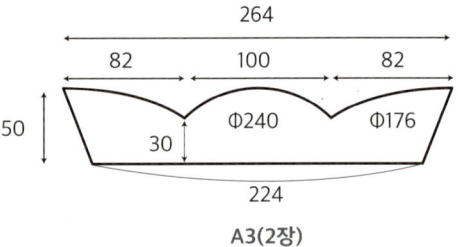

A3(2장)

◎ 안지

안지는 상자의 판지와 사이즈를 동일하게 준비한다.

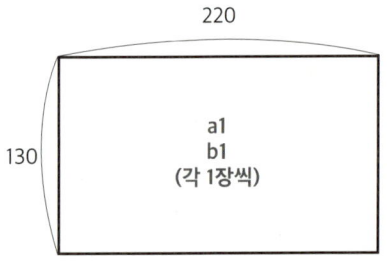

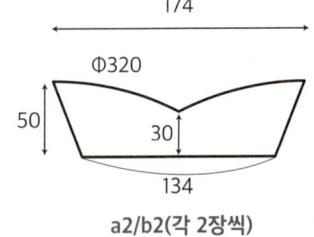

a2/b2(각 2장씩)

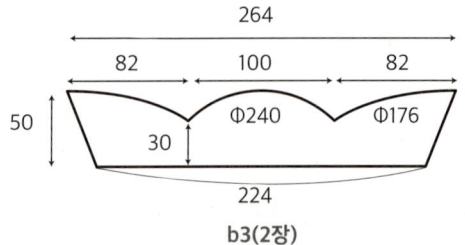

b3(2장)

04

CARTONNAGE IN POWDER ROOM

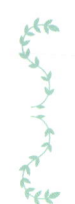

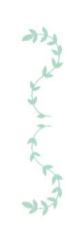

메모보드

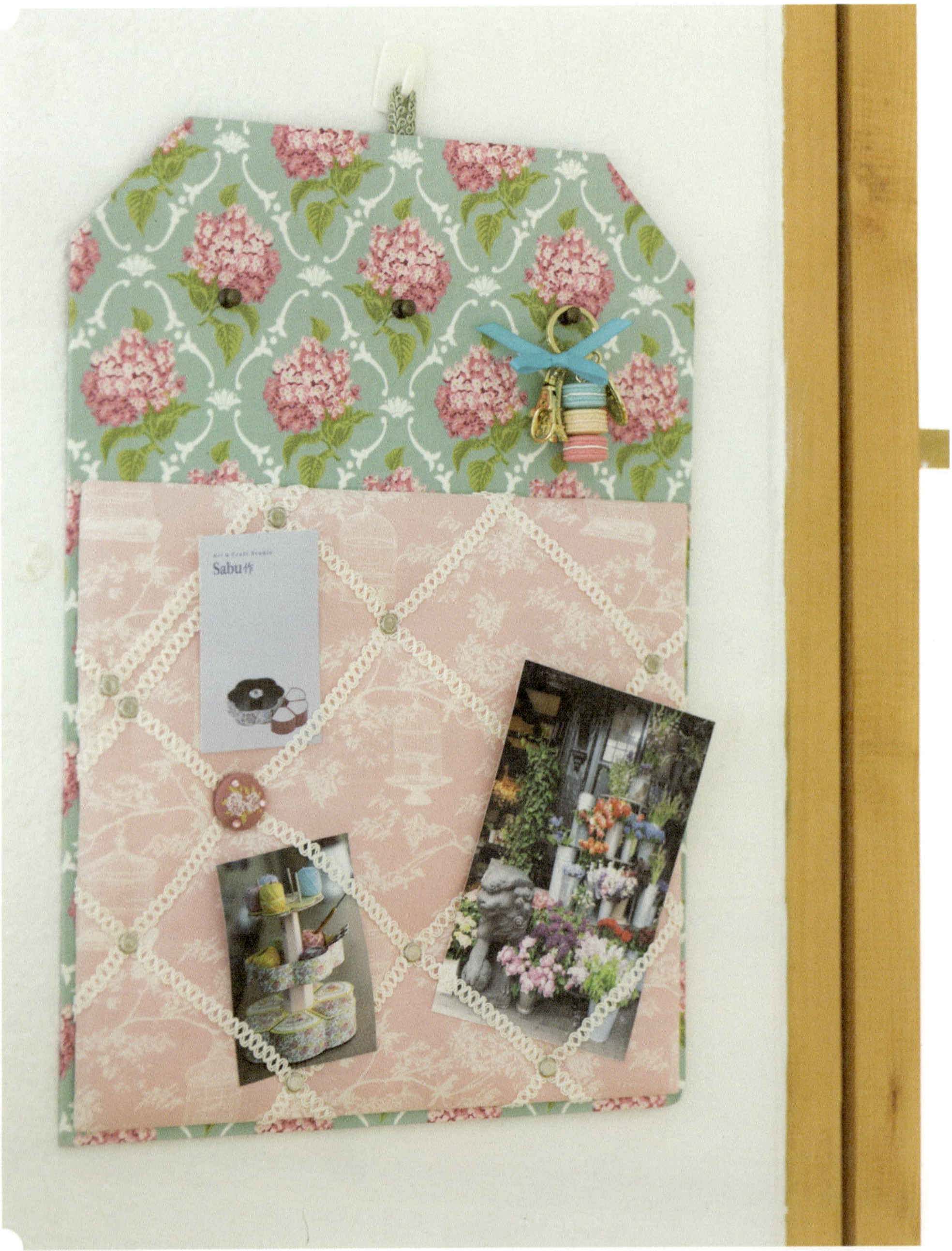

HOW TO MAKE

메 모 보 드

난이도 ☆

Σ 준비물 Ƹ

2mm 판지, 켄트지(혹은 가죽지), 원단, 솜,
리벳, 리벳용 도구, 솔트레지, 리본, 단추

Σ 조각 맞추기 Ƹ

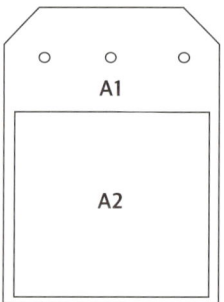

Σ 만드는 과정 Ƹ

<u>1</u>

A2 위에 솜을 양면테이프로
붙인 뒤에 판지 사이즈에 맞춰
테두리를 잘라준다.

<u>2</u>

원단을 덮고 뒤집어서
시접을 붙인다.

<u>3</u>

리본을 원하는 간격으로 조절하여
뒷면에 물테이프로 붙인다.
Tip! 그림이 예쁜 원단이라면 리본을
많이 사용하지 않는다.

_4_

리본이 만나는 지점에
송곳이나 펀치로 구멍을 뚫는다.

_5_

구멍에 리벳을 박아준다.

_6_

중간에 장식용 단추를 달아준다.

_7_

A1에 원단을 붙이고
시접을 자른 뒤 접어서 붙인다.

_8_

6과 7을 붙이고 집게로 눌러둔다.

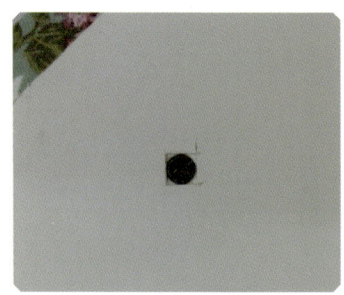

_9_

송곳으로 구멍을 뚫은 뒤,
판지를 파내고 솔트레지를 끼워준다.

_1 0_

솔트레지를 끼운 곳에
물테이프를 붙여준다.
Tip! 솔트레지의 위치는 앞판과의 높이와
원단의 패턴을 고려하여 정한다.

_1 1_

뒷면에 걸이용 리본을 붙이고
물테이프로 마감한다.

_1 2_

뒷면에 바닥지를 붙여준다.

실제 크기의 20%입니다.
단위는 mm입니다.

Σ 상세 도안 Ƨ

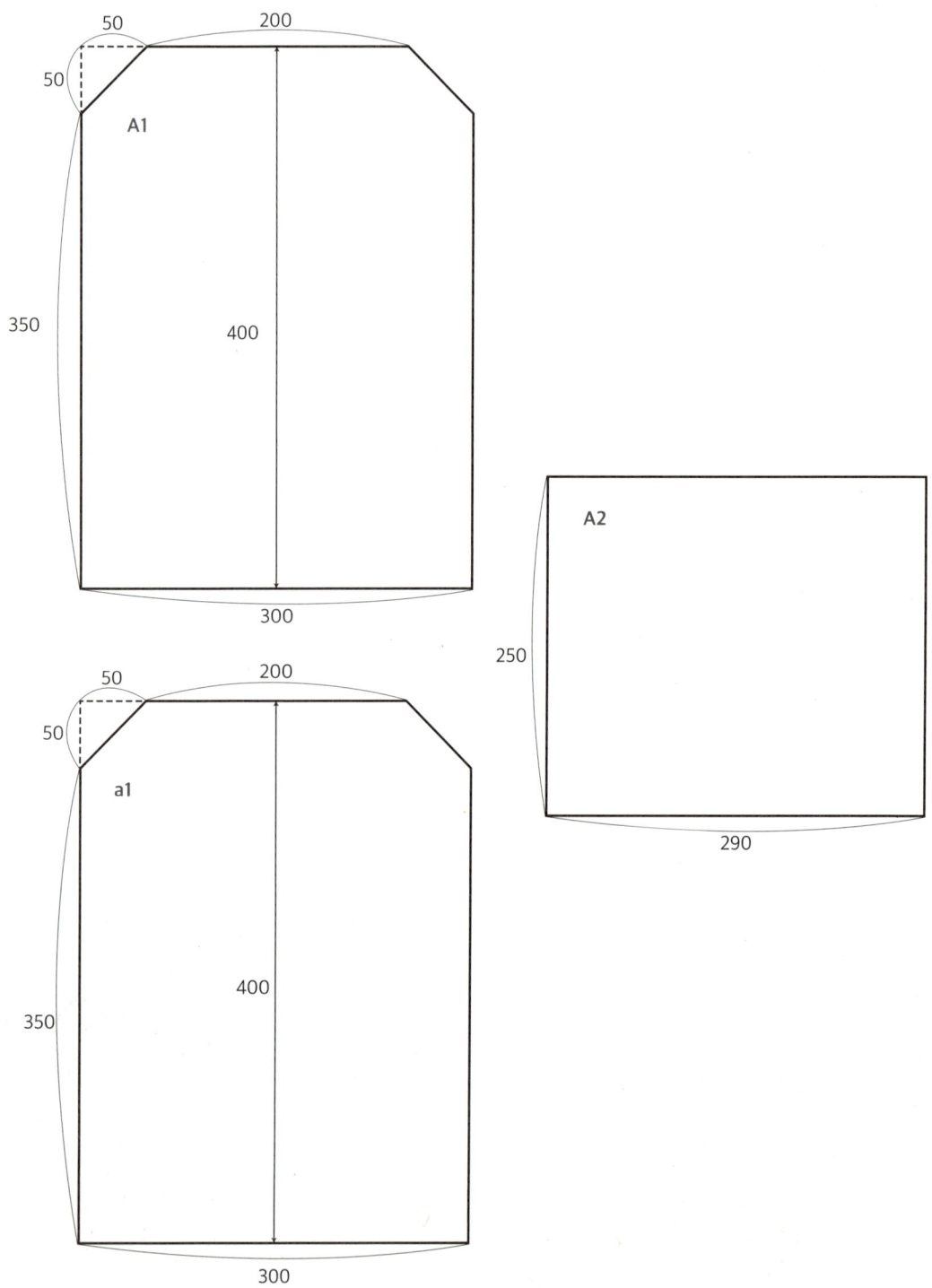

A1

50 200

50

350 400

300

a1

50 200

50

350 400

300

A2

250

290

05

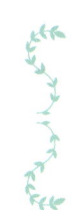

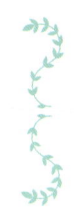

CARTONNAGE IN POWDER ROOM

벌집 소품서랍

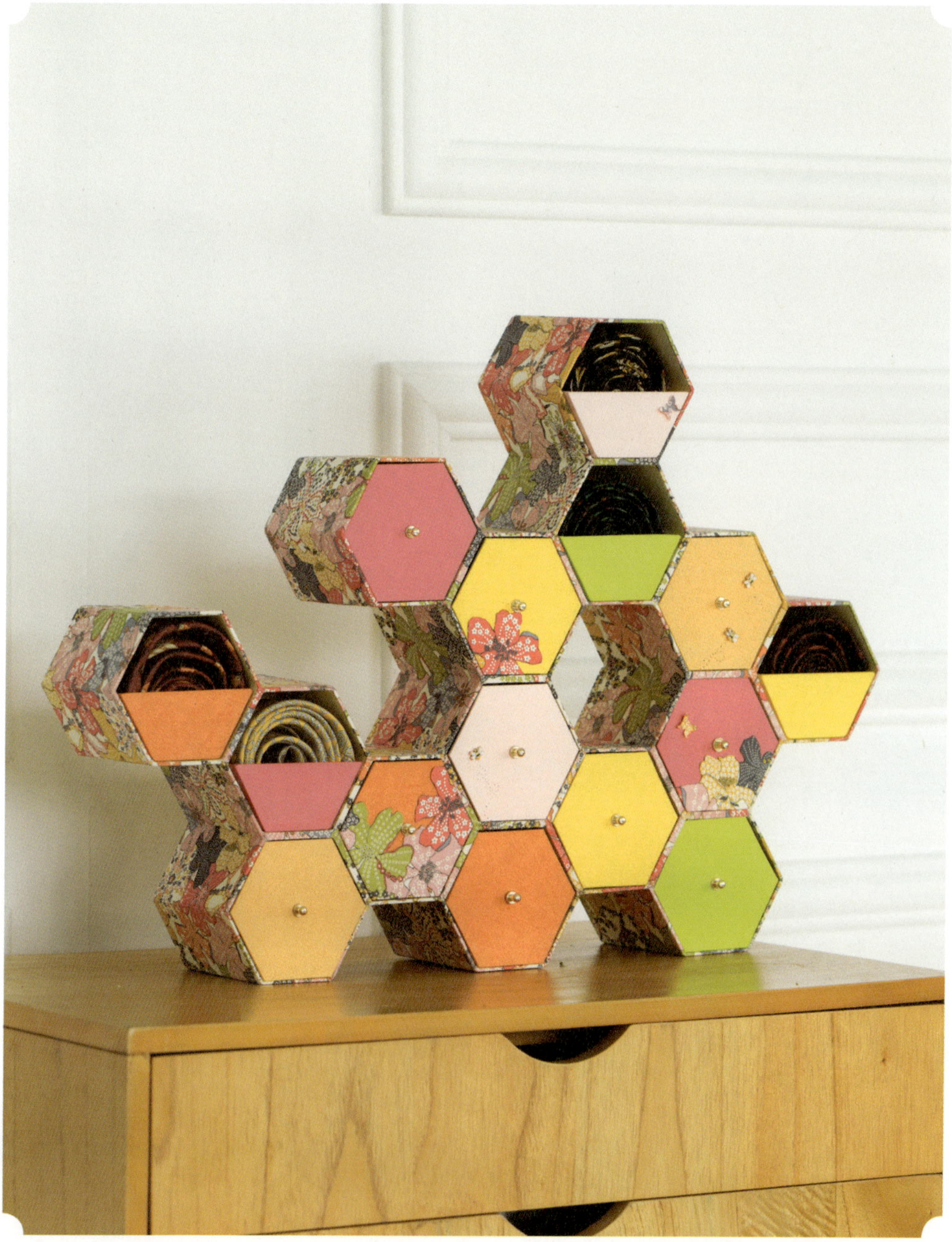

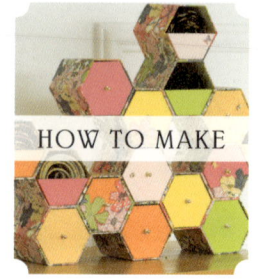

벌집 소품서랍

—
난이도 ☆☆

Σ 준비물 Ʒ

2mm 판지, 안지용 켄트지, 색지, 원단, 가죽지, 솔트레지, 금속장식

Σ 조각 맞추기 Ʒ

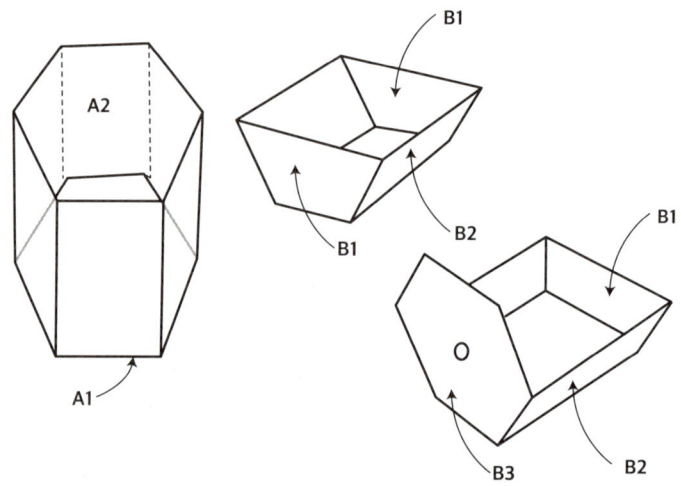

Σ 만드는 과정 Ʒ

1
육각형을 성형한다.

2
원하는 모양으로 붙인다.

3
붙인 모서리는 물테이프를 붙인다.

<u>4</u>

원단을 일자로 길게 붙이고 마지막은
10mm 정도 접어서 붙인다.

<u>5</u>

갈라지는 부분 모서리에 원단을
덧대고 시접에 가위집을 낸다.

<u>6</u>

가위집을 낸 시접을 붙인다.

<u>7</u>

시접은 모두 붙인다.

<u>8</u>

상자가 만나는 모서리의 구멍을
물테이프로 메운다.

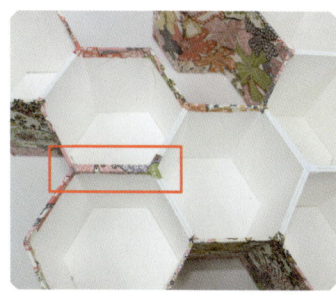

<u>9</u>

세 모서리가 만나는 곳 중 한 곳에
원단을 넉넉하게 덧댄다.

<u>10</u>

나머지 두 모서리는
딱 맞게 원단을 덧댄다.

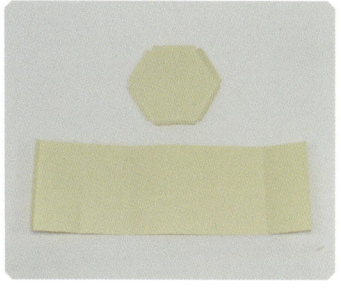

<u>11</u>

안지들을 준비한다.

<u>12</u>

안지를 붙인다.

13

B1, B2로
서랍용 상자를 성형한다.

14

바깥쪽 옆에
종이(혹은 원단)를 붙인다.

15

앞/뒤로
종이를 붙인다.

16

안쪽 앞/뒷면을 붙인다.

17

나머지 안지를 붙인다.

18

B3을 종이로 싼다.

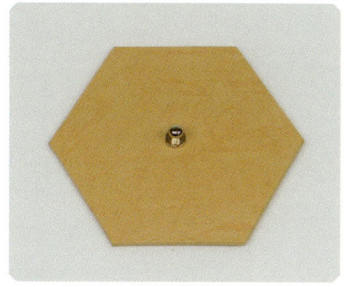

19

손잡이를 단 뒤 뒷면에
종이를 붙인다.

20

17 앞에 19를 붙여
서랍을 완성한다.

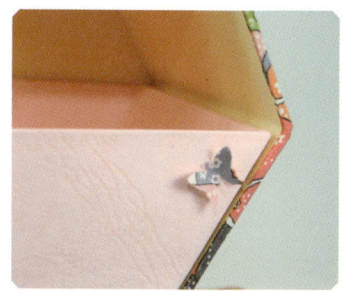

21

원단의 패턴, 금속 등을 활용하여 장식한다.

Σ 상세 도안 Ʒ

◎ **상자**

상자 1개 기준

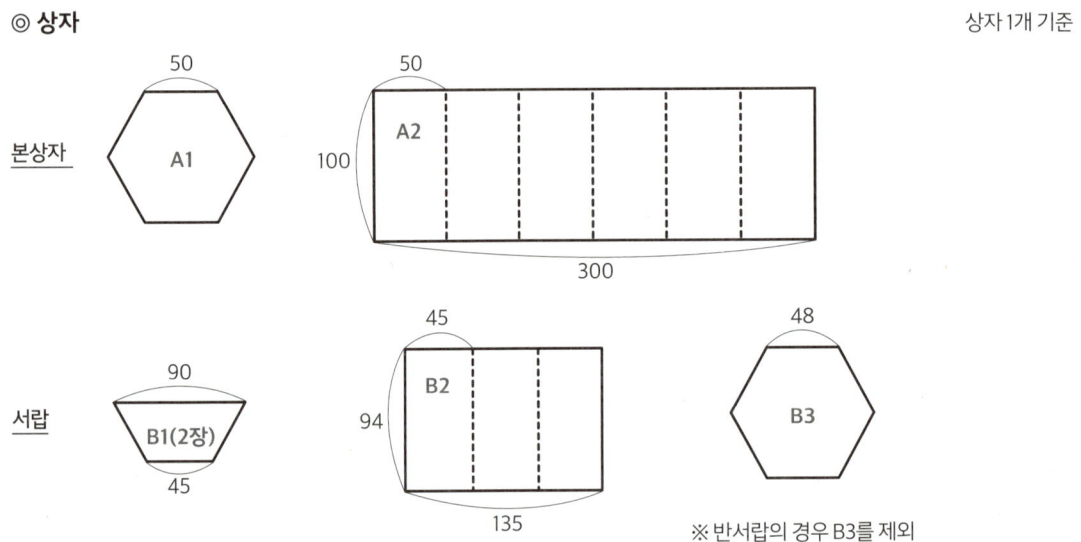

본상자

A1

50
A2
100
300

서랍

90
B1(2장)
45

45
B2
94
135

48
B3

※ 반서랍의 경우 B3를 제외

◎ **안지**

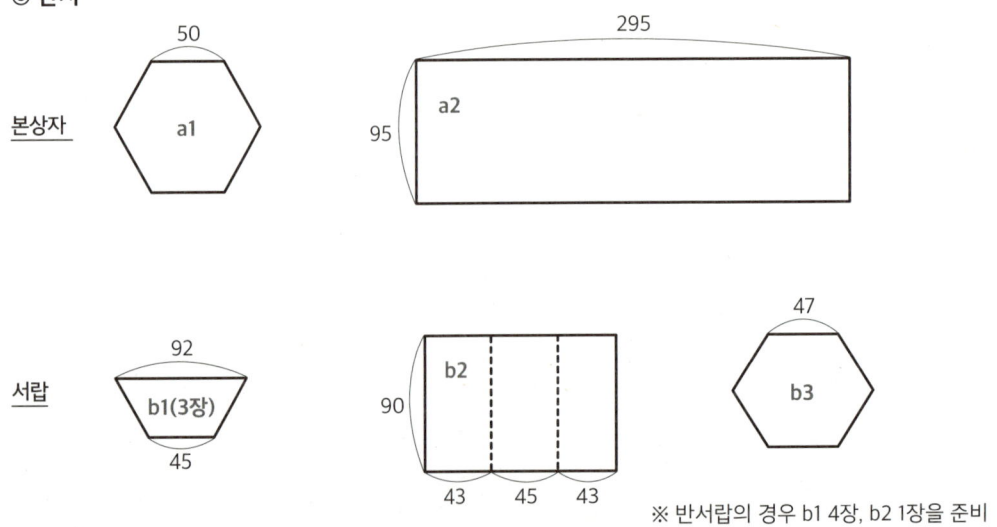

본상자

a1

50

295
a2
95

서랍

92
b1(3장)
45

90
b2
43 45 43

47
b3

※ 반서랍의 경우 b1 4장, b2 1장을 준비

06

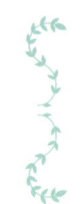

CARTONNAGE IN POWDER ROOM

원형상자

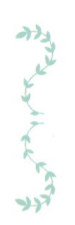

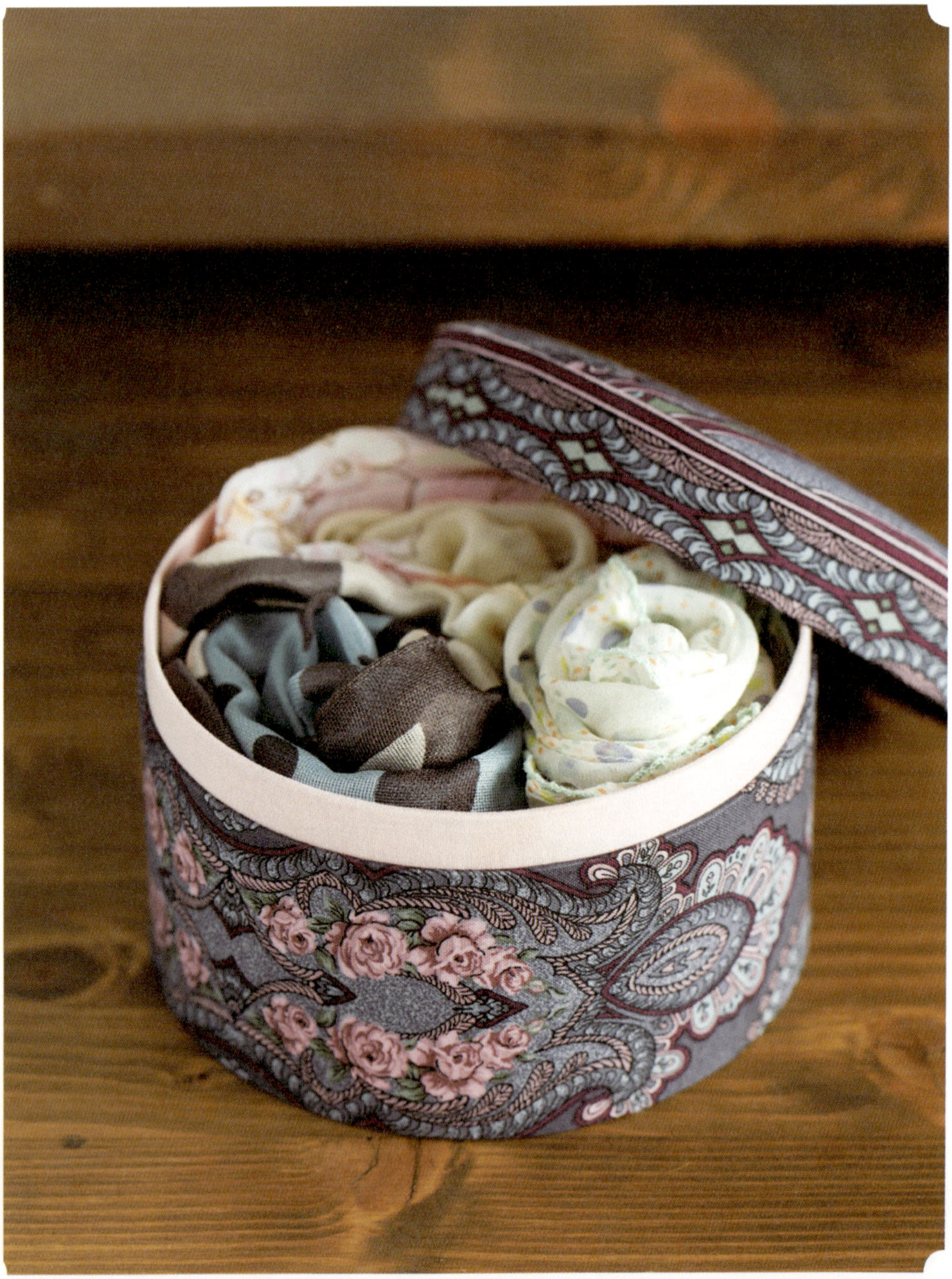

HOW TO MAKE

원형상자

—

난이도 ☆☆

Σ 준비물 Ƹ

2mm 판지, 1mm 판지, 안지용 켄트지 (혹은 가죽지), 원단, 솜

Σ 조각 맞추기 Ƹ

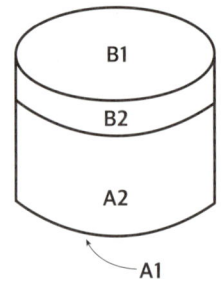

B1

B2

A2

A1

Σ 만드는 과정 Ƹ

원형상자 만들기는 '51~56p' 참고

Σ 상세 도안 Ʒ

◎ 상자

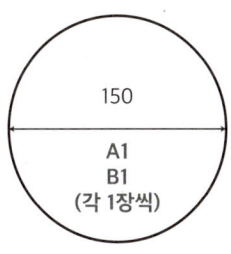

150

A1
B1
(각 1장씩)

474

70 | **A2**

462

80 | **A3**

474

25 | **B2**

※ A2, A3, B2는 1mm 판지로 준비

◎ 안지

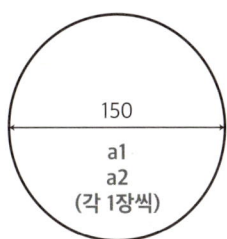

150

a1
a2
(각 1장씩)

474+여분

24 | b1

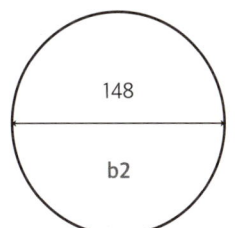

148

b2

도미니크 오가뉴 아뜰리에(Dominique Augagneur Atelier)

도미니크는 프랑스에서 활동하는 까또나주 작가이다. 약 30년간 까또나주를 해왔으며 현재는 파리의 아틀리에에서 한국, 브라질 등 전 세계에서 그녀를 찾아오는 이들을 위해 까또나주를 가르치고 있다. 다수의 까또나주 책을 저술하여 전 세계에 까또나주의 매력을 알리고 있다.

도미니크의 강좌는 Sabu作 Studio로 문의하면 된다.

PART
03

Cartonnage in
Kids Room

01

CARTONNAGE IN KIDS ROOM

다각형 상자(대, 소)

HOW TO MAKE

다각형 상자(대, 소)

—

난이도 ☆☆

Σ 준비물 Ƨ

2mm 판지, 안지용 켄트지(혹은 가죽지), 솔트레지, 레이스

Σ 조각 맞추기 Ƨ

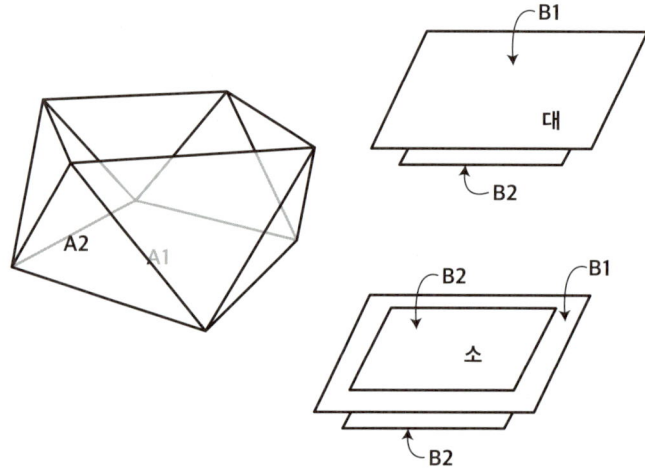

Σ 만드는 과정 Ƨ

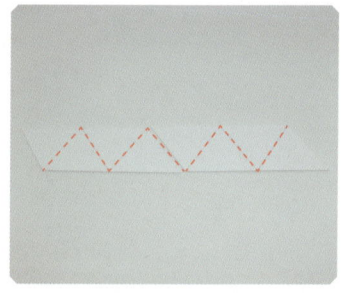

1	2	3
반칼낸 A2를 물테이프로 연결한다. **Tip!** 반칼은 종이를 다 자르지 않고 잘 접히도록 칼집을 낸 것을 말한다.	바닥에 맞춰 반칼을 접어가면서 상자를 성형한다.	한 면을 제외하고 원단을 붙인 뒤 남은 시접을 상자 안쪽에 붙인다.

4

a4에 원단을 붙이고
아래 시접만 남긴다.

5

4를 상자에 붙인뒤
아래 시접을 정리한다.

6

안쪽 바닥에 a1을 붙인다.

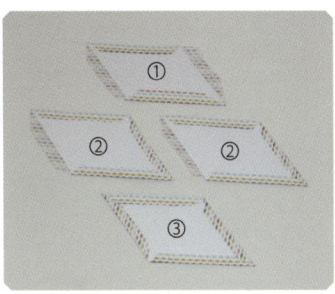

7

a2 안지 1개는 양쪽 시접을 남기고
2개는 한쪽만 남긴다.
나머지 1개는 시접을 모두 정리한다.

8

①, ②, ②, ③의 순서로
안지를 붙인다.

9

B1에 원단을 붙이고
섬유 본드로 레이스를 장식한다.

10

9에 솔트레지를 끼운다.

11

원단에 붙인 B2를 9와 붙인다.

12

소(小)사이즈는
B2에 솔트레지를 끼운다.
Tip! 소사이즈는 중간에 판지를 더해서
3단으로 쌓는다.

Σ 상세 도안 Ƹ

◎ 상자(다각형 대)

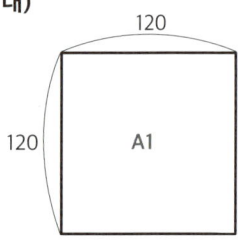

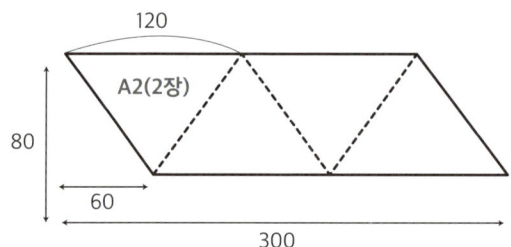

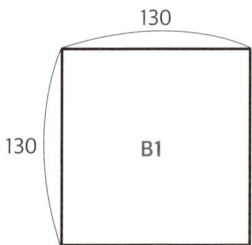

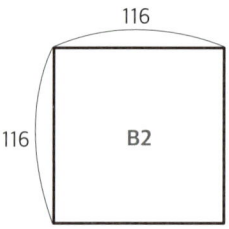

◎ 안지(다각형 대)

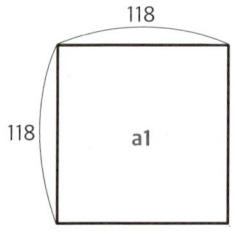

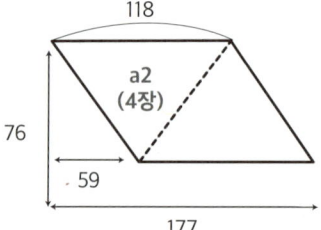

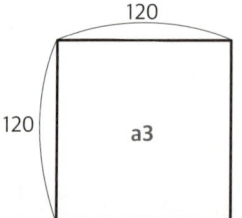

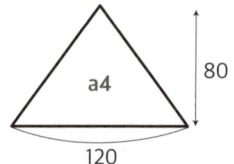

142

◎ 상자(다각형 소)

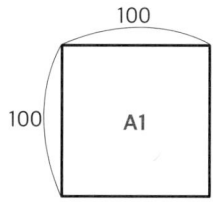

100

100 · A1

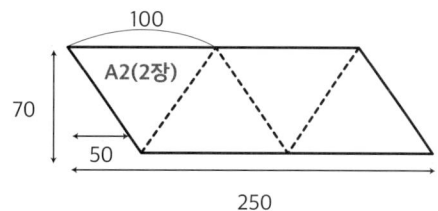

100

70 · A2(2장)

50

250

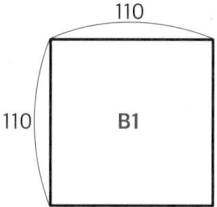

110

110 · B1

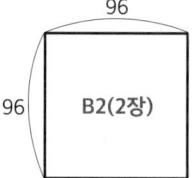

96

96 · B2(2장)

◎ 안지(다각형 소)

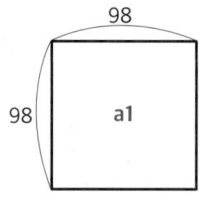

98

98 · a1

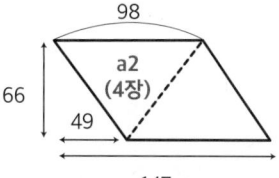

98

66 · a2 (4장)

49

147

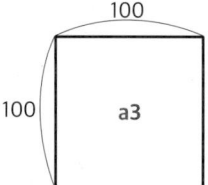

100

100 · a3

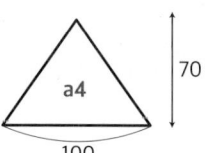

a4

70

100

02

CARTONNAGE IN KIDS ROOM

인형 옷장

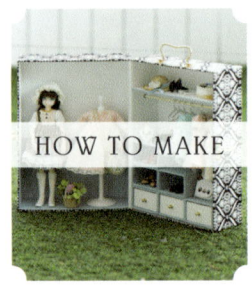

HOW TO MAKE

인형 옷장

—

난이도 ☆☆☆

Σ 준비물 ℥

2mm 판지, 안지용 켄트지, 솔트레지, 금속손잡이, 잠금장식, 나무막대

Σ 조각 맞추기 ℥

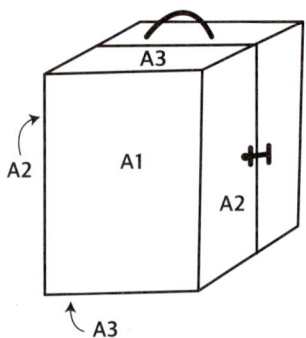

Σ 만드는 과정 ℥

1

A1, A2, A3를 성형해
상자를 2개 만든다.

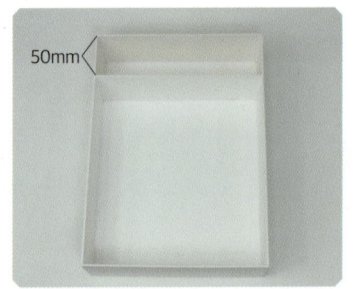

2

오른쪽 상자는 A4로
칸막이를 만든다.

3

원단을 붙인다.

<u>4</u>

오른쪽 상자는 한쪽 시접을 남긴다.

<u>5</u>

구멍을 뚫어 다리를 붙인다.

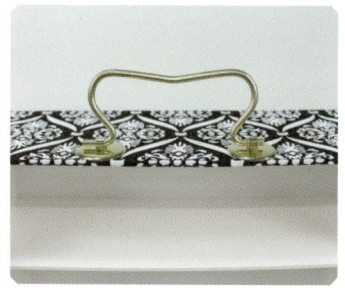

<u>6</u>

오른쪽 상자에 손잡이를 단다.

<u>7</u>

위치를 맞춰 잠금장식을 단다.

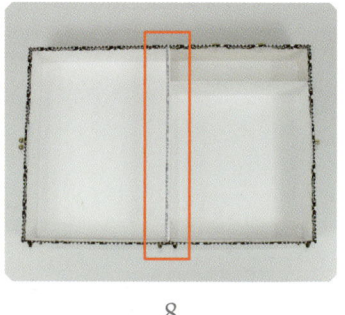

<u>8</u>

상자를 연결한다.

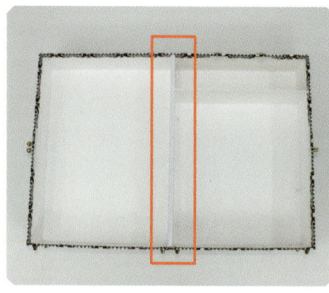

<u>9</u>

상자 연결 부위에 원단을 덧댄다.

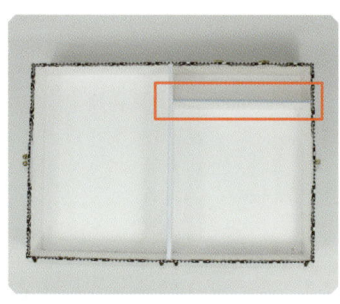

<u>10</u>

칸막이에 원단을 붙인다.

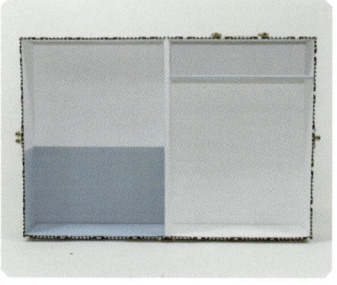

<u>11</u>

안지를 모두 붙인다.

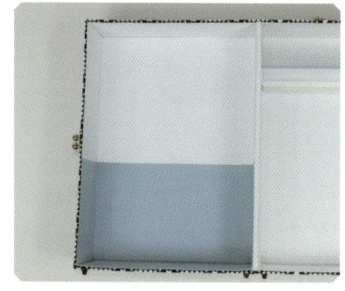

<u>12</u>

안지(b1, b2)를 잘라 두 가지 톤으로
붙여도 좋다.

<u>13</u>

B1, B2, B3를 성형한다.

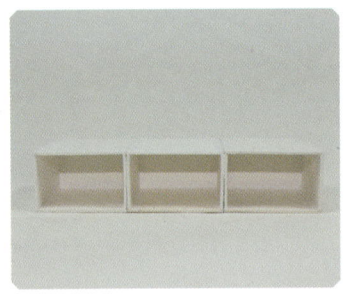

<u>14</u>

<u>13</u>을 3개 붙인다.

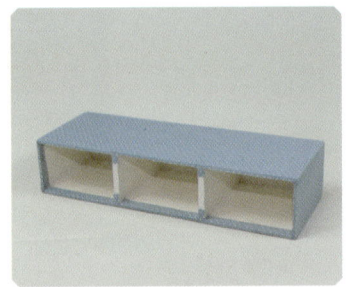

<u>15</u>

원단을 붙인다.

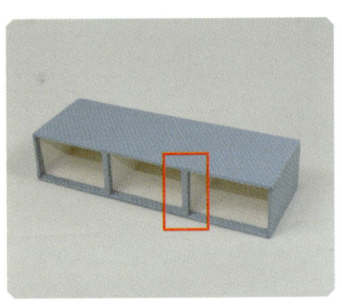

<u>16</u>

칸막이에 원단을 붙인다.

<u>17</u>

안지를 붙인다.

<u>18</u>

C1, C2, C3를 성형한다.

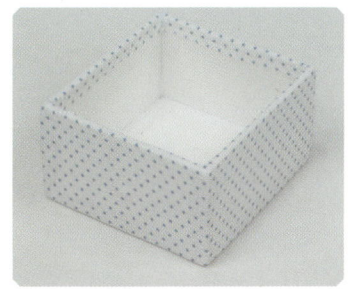

19

원단을 붙인다.

20

솔트레지를 끼우고 안지를 붙인다.

21

<u>13</u>의 나머지 3개를 각각 싼다.

22

안지를 붙인다.

23

상자는 여러 모양으로
조합할 수 있다.

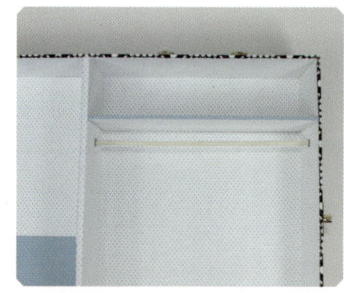

24

나무막대를 붙인다.

ϟ 상세 도안 ϟ

◎ 상자

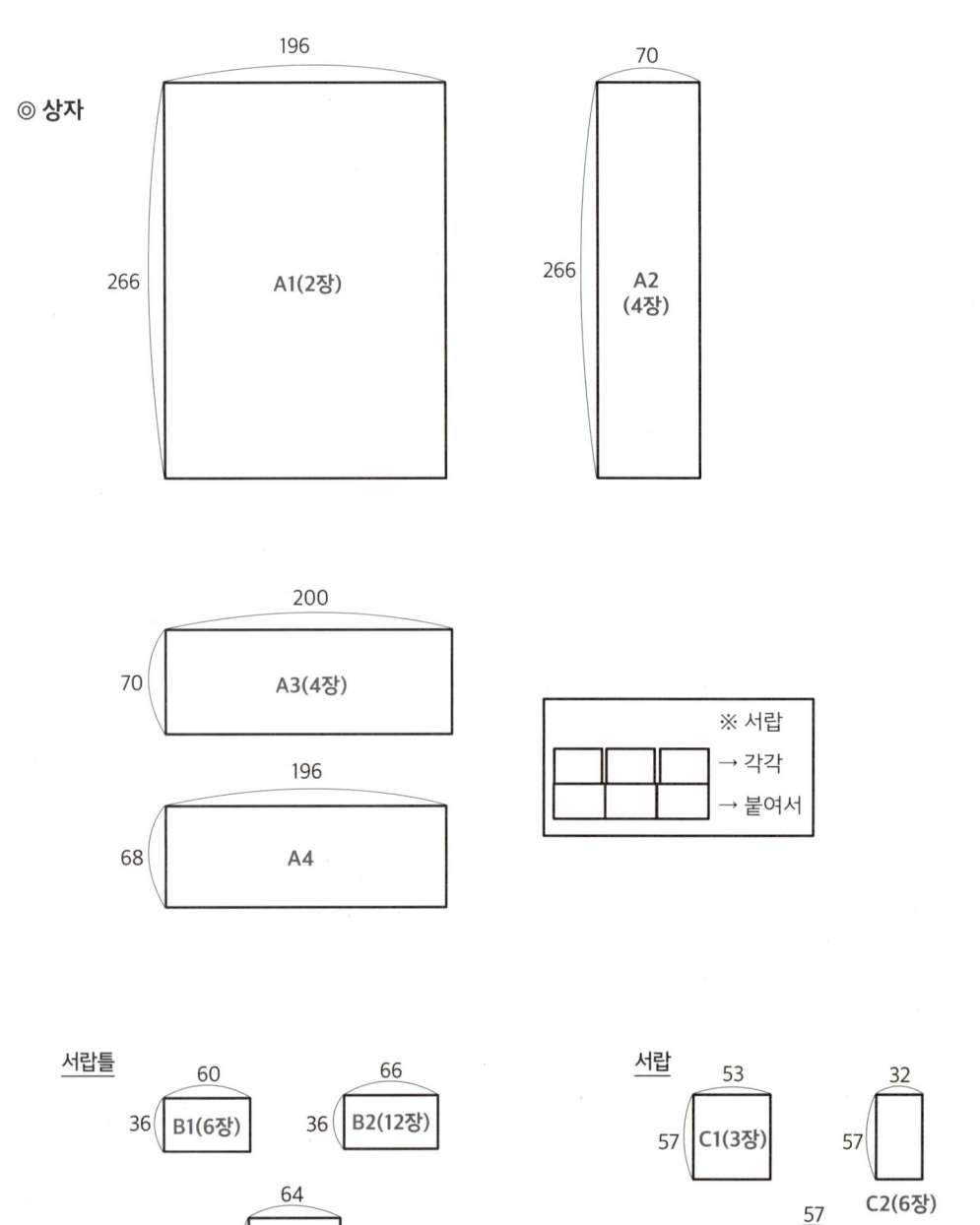

196

266　　A1(2장)

70

266　　A2
(4장)

200

70　　A3(4장)

196

68　　A4

※ 서랍
→ 각각
→ 붙여서

서랍틀

60
36　B1(6장)

66
36　B2(12장)

64
66　B3
(12장)

서랍

53
57　C1(3장)

32
57　C2(6장)

57
32　C3(6장)

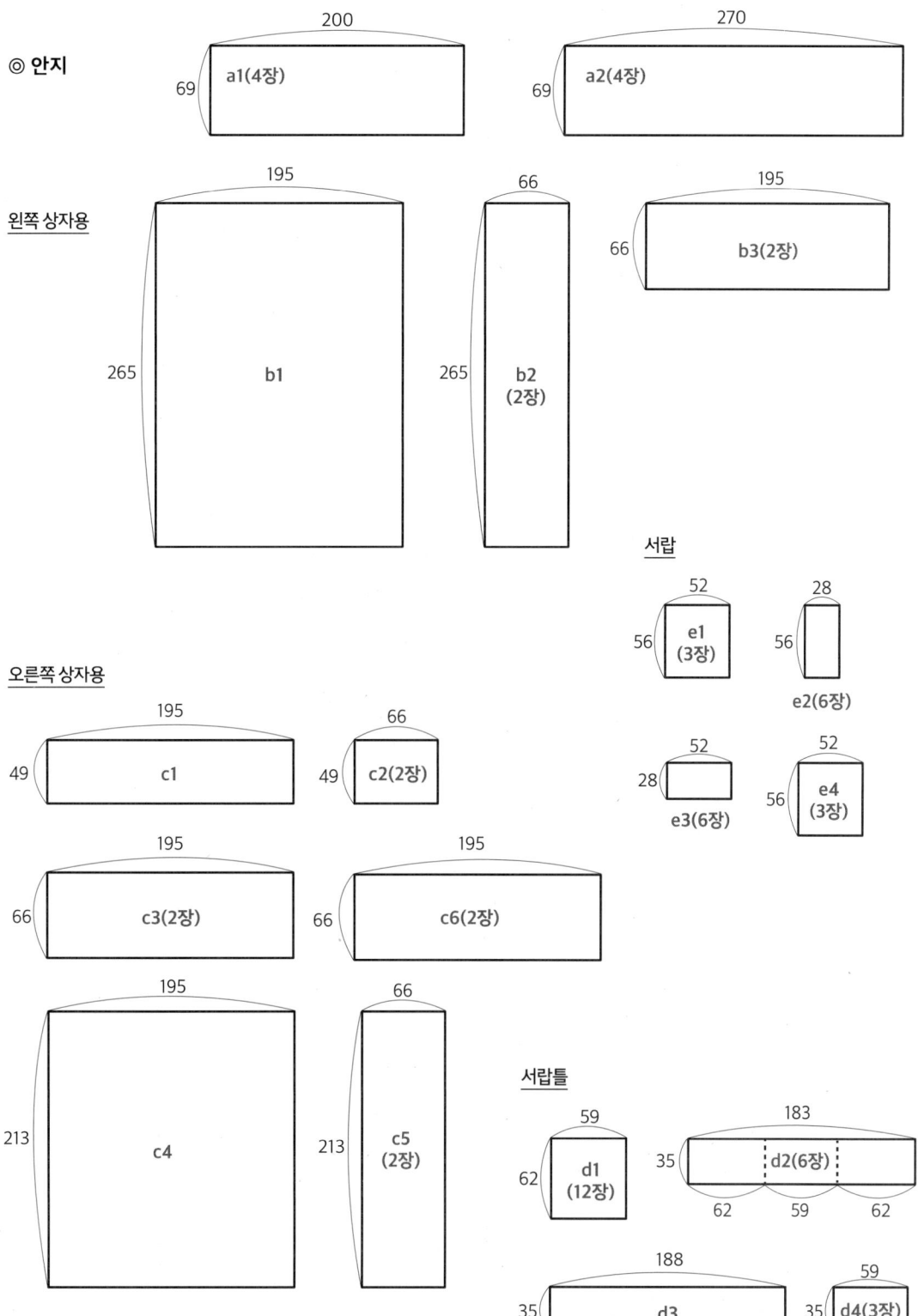

◎ 안지

200
69 a1(4장)

270
69 a2(4장)

왼쪽 상자용

195
265 b1

66
265 b2
(2장)

195
66 b3(2장)

서랍

52
56 e1
(3장)

28
56 e2(6장)

52
28 e3(6장)

52
56 e4
(3장)

오른쪽 상자용

195
49 c1

66
49 c2(2장)

195
66 c3(2장)

195
66 c6(2장)

195
213 c4

66
213 c5
(2장)

서랍틀

59
62 d1
(12장)

183
35 d2(6장)
62 59 62

188
35 d3

59
35 d4(3장)

03

CARTONNAGE IN KIDS ROOM

미니가방

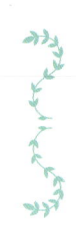

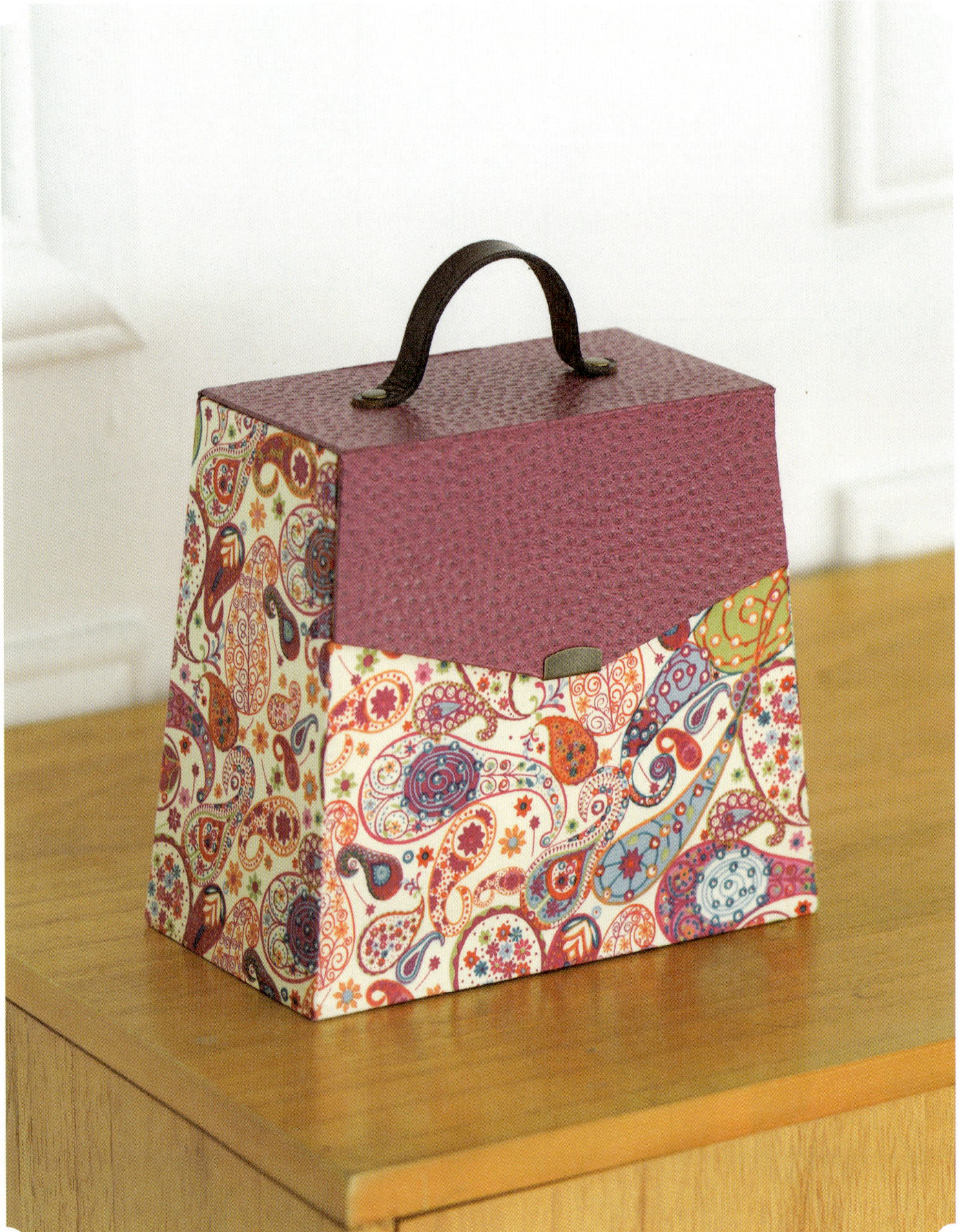

HOW TO MAKE

미니가방

—

난이도 ☆☆

∑ 준비물 ⊰

2mm 판지, 안지용 켄트지(혹은 가죽지),
원단, 금속장식, 가죽끈, 리벳, 리벳용 도구

∑ 조각 맞추기 ⊰

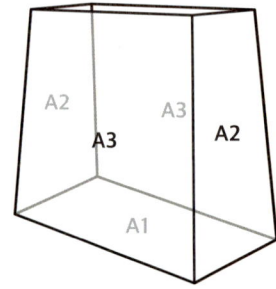

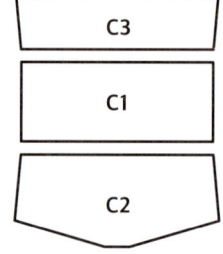

∑ 만드는 과정 ⊰

1

A2, A3 옆면을 대패로
조정한 후 성형한다.

2

앞/뒷면에 원단을 붙인다.

3

a2에 원단을 붙인 뒤에 상자에 붙이고
바깥 바닥면에는 바닥지를 붙인다.

4

안쪽 앞면을 제외하고
안지를 모두 붙인다.

5

뚜껑을 준비한 원단이나
가죽지에 붙인다.

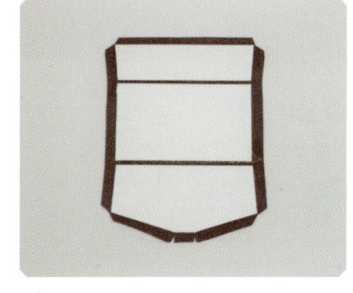

6

모서리 시접을 자른 뒤에
접어서 붙인다.

7

뚜껑 안쪽에 가죽지를 붙인 뒤 접히는
부분을 도구로 눌러 모양을 잡아준다.

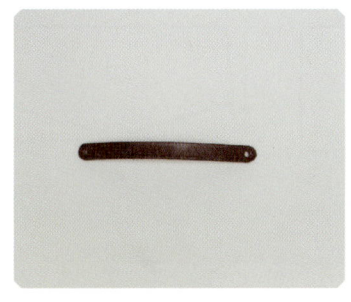

8

가죽끈에 펀치로 구멍을 뚫고
모서리는 둥글게 자른다.

9

리벳을 이용하여 뚜껑에
가죽끈을 연결한다.

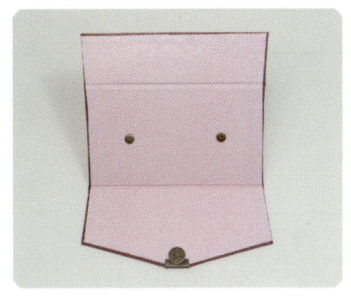

10

잠금 장식을 뚜껑에 달아준다.

11

뚜껑을 상자 뒤쪽에 붙인다.

12

상자 앞에 잠금장식을 달고
남은 안지를 붙여 완성한다.

Σ 상세 도안 Ƹ

◎ 상자

◎ 안지

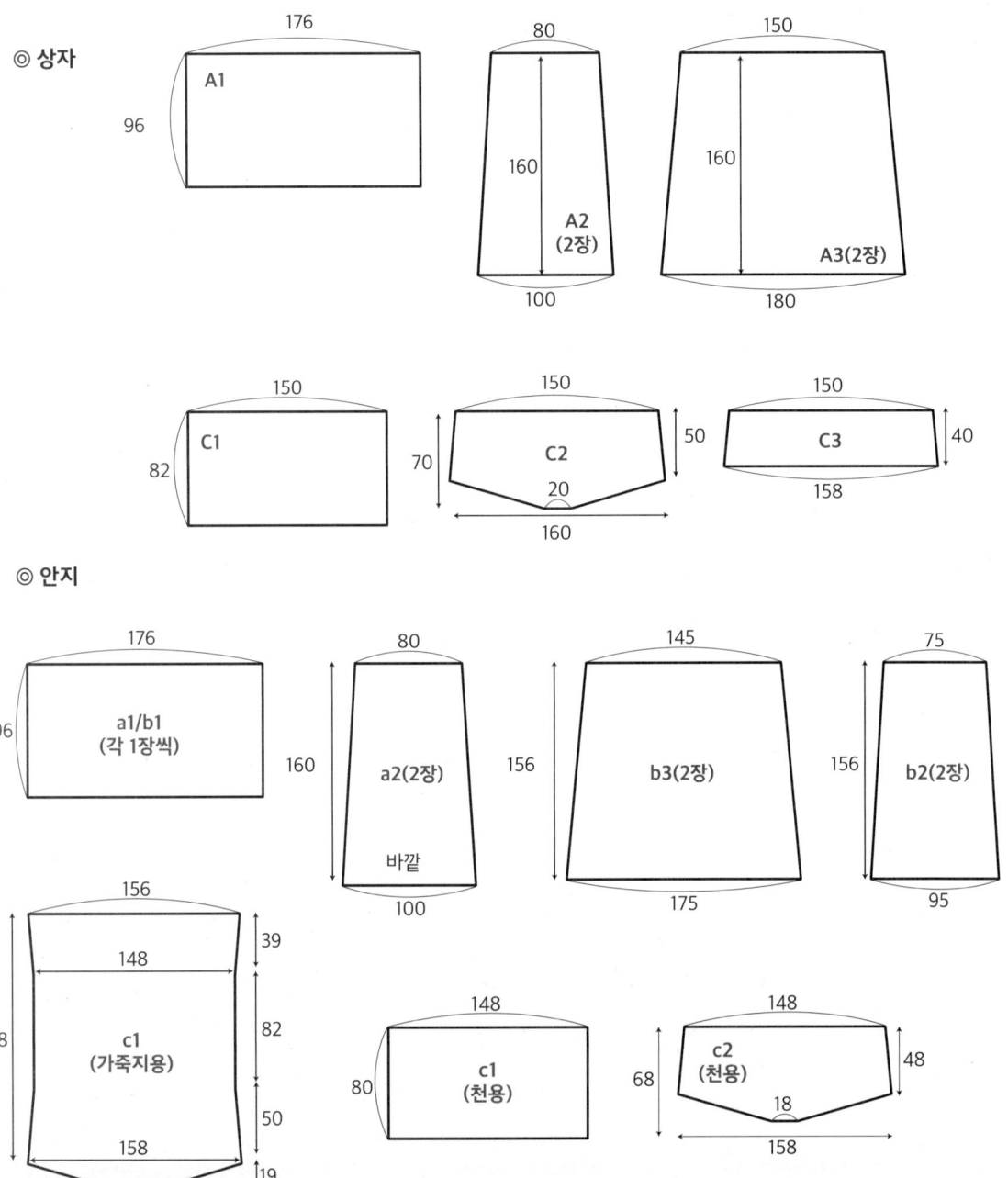

04

CARTONNAGE IN KIDS ROOM

꽃잎 바구니

꽃잎 바구니

—

난이도 ☆☆

Σ 준비물 Ↄ

2mm 판지, 1mm 판지, 안지용 켄트지(혹은 가죽지), 원단, 가죽끈

Σ 조각 맞추기 Ↄ

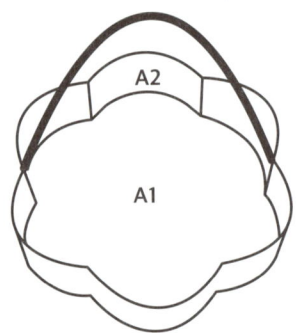

Σ 만드는 과정 Ↄ

1

A2에 물을 뿌려
곡선으로 성형한다.

2

옆면을 모두 붙인다.

3

도구로 모양을 잡아가며
원단을 붙인다.

<u>4</u>

핑킹가위로 시접을 자른다.

<u>5</u>

시접을 접어서 붙인다.

<u>6</u>

시접은 5mm 간격으로
핑킹 가위로 자른다.

<u>7</u>

안지를 넣어 사이즈를 맞춘다.

<u>8</u>

안지를 붙인다.

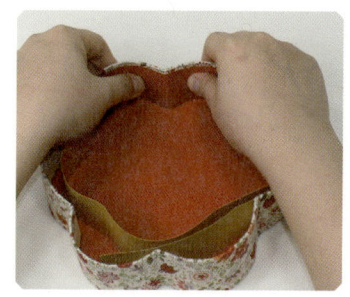

<u>9</u>

옆면 안지를 넣어 사이즈를 맞춘 뒤 붙
인다.

<u>10</u>

바깥 바닥에 바닥지를 붙인다.

<u>11</u>

가죽끈으로 손잡이를 만든다.

Σ 상세 도안 Ƨ

◎ 상자

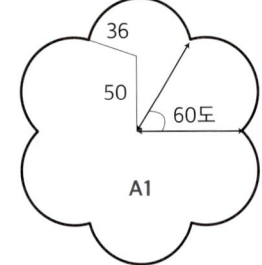

A1

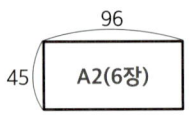

A2(6장)

96

45

※ A2는 1mm 판지사용

◎ 안지

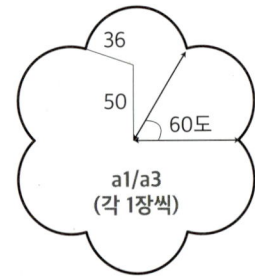

a1/a3
(각 1장씩)

576

41 a2

05

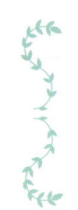

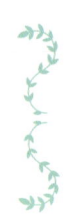

CARTONNAGE IN KIDS ROOM

거울 & 액자 & 시계

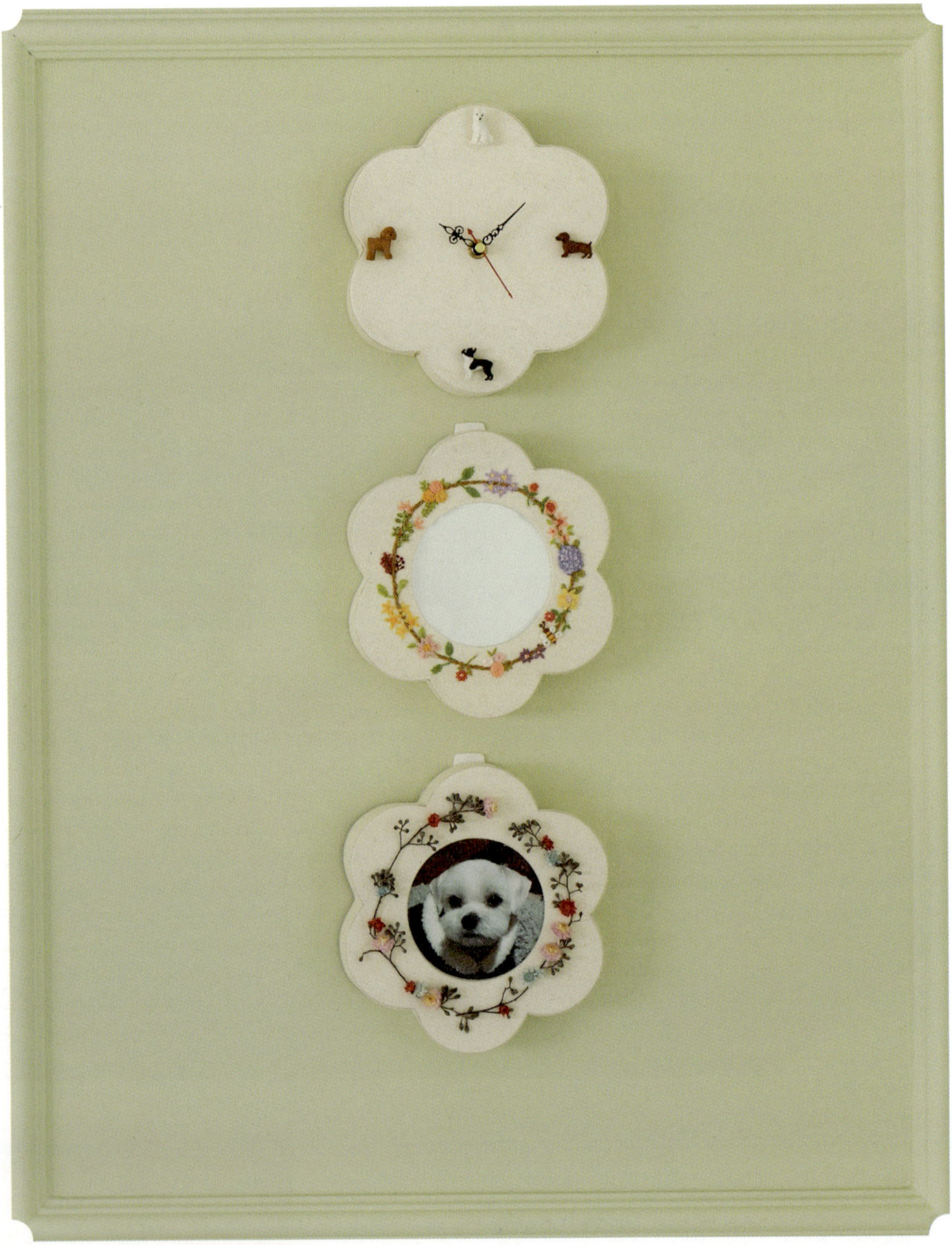

HOW TO MAKE

거울 & 액자 & 시계

—

난이도 ☆☆

Σ 준비물 ჳ

2mm 판지, 1mm 판지, 켄트지 (혹은 가죽지), 원단, 거울, 시계 부품

Σ 조각 맞추기 ჳ

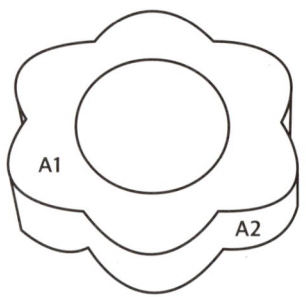

Σ 만드는 과정 ჳ

거울 & 액자

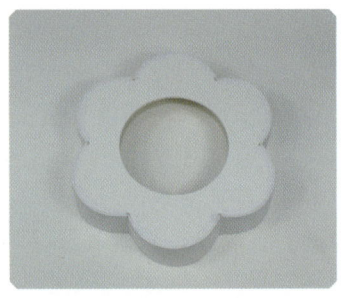

_1_

A1 가운데를 원형으로 자른 뒤
상자를 성형한다
(꽃잎 바구니(160p) 1~2 참고).

_2_

윗면에 원단을 붙이고
남은 시접은 접어 붙인다.
Tip 자수로 장식을 해도 좋다.

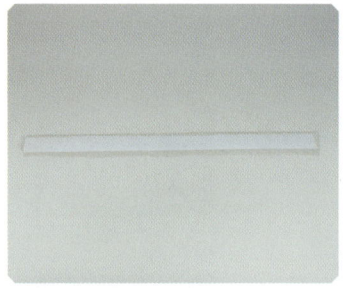

_3_

a3를 원단에 붙이고 시접을 붙인다.

4

3을 옆면에 붙이고 남은 시접은
접어서 붙인다.

5

사진 혹은 거울을 붙인다.

6

안지를 붙인다.

시계

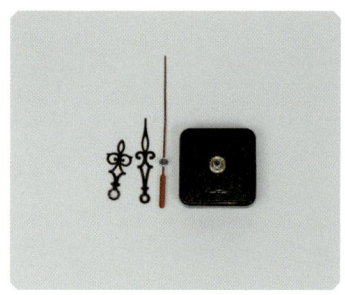

1

시계 부품을 준비한다.

2

부품을 끼울 곳에 구멍을 뚫고
상자를 성형한다
(꽃잎 바구니(160p) 1~2 참고).

3

윗면 → 옆면 순으로 원단을 붙인다
(166p~167p 거울 & 액자 2~4 참고).

4

부품 끼울 곳의 원단에
구멍을 한 번 더 뚫는다.

5

시계 부품을 끼운다.

6

장식을 붙인다.

∑ 상세 도안 ℨ

◎ 상자

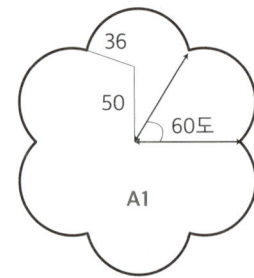

36
50
60도
A1

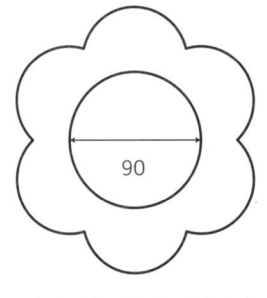

90

※ 액자, 거울 가운데 원형 사이즈

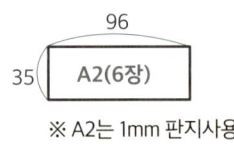

96
35
A2(6장)

※ A2는 1mm 판지사용

◎ 안지

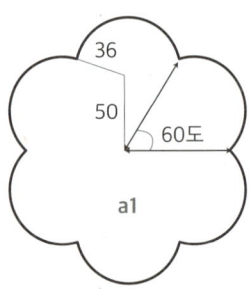

36
50
60도
a1

576
31
a2

580
35
a3

전 세계 까또나주 숍

일본, 프랑스, 이탈리아 등 까또나주가 활성화된 나라들을 직접 방문하며 그들이 사용하는 재료를 직접 체험해보았다. 그 중 몇 곳을 소개하고자 한다.

1. 일 파피로(IL Papiro, 이탈리아)

1976년부터 시작되어 피렌체 두오모 성당 근처, 로마 등 이탈리아의 주요 도시 어디에서나 만나볼 수 있는 역사와 전통의 종이 점포이다. 장인이 직접 그려서 만드는 수제 마블링지가 유명하지만 매우 비싸고, 안타깝게도 국내에서는 구하기가 힘들다.

2. 타소띠(Tassotti, 이탈리아)

피렌체 골목을 걷다보면 만날 수 있는 점포이다. 1957년 조르지오 타쏘니(Giorgio Tassotti)가 18세기의 레몬디니(Remondini)의 전통 방식으로 시작하였다. 일 파피로가 수제 방식의 마블링지를 고집한다면 타쏘니는 좀 더 현대적인 종이를 생산하고 있다. 타쏘니는 국내에 수입되고 있어 쉽게 만나볼 수 있다.

3. 보뇌르 데 다메스(bonheur-des-dames, 프랑스)

프랑스 뒷골목에서 찾아낸 십자수 전문 가게이다. 국내에도 널리 알려진 마카롱 시리즈 등 까또나주에 응용하기 좋은 작품들을 다수 생산하고 있다.

4. 프랑스 골목의 작은 원단 가게들

파리의 작은 골목들을 다니다 보면 다양한 종류의 원단을 파는 가게들을 간혹 만나볼 수 있다. 품질이 우수하지는 않지만 일본, 국내의 원단과는 다른 느낌의 원단들을 만나볼 수 있다. 운이 좋다면 매우 저렴한 가격의 원단을 구할 수도 있다.

5. 도큐핸즈

일본의 공예 & 문구 전문 체인점이다. 인테리어 소품, 화장품, 공예용품 등 다양한 물품을 판매하고 있다. 문구와 공예용품 층에 가면 예쁜 종이와 까또나주에 사용할 수 있는 다양한 금속장식을 만나 볼 수 있다. 공구층에는 까또나주에 유용한 도구들도 만나볼 수 있다. 도큐핸즈는 일본의 번화한 거리에서 자주 만나볼 수 있다.

PART
04

Cartonnage in
Craft Room

01

CARTONNAGE IN CRAFT ROOM

3단 트레이

3단 트레이

—

난이도 ☆☆☆

Σ 준비물 Ƨ

2mm 판지, 1mm 판지, 안지용 켄트지(혹은 가죽지), 원단, 나무 기둥

Σ 조각 맞추기 Ƨ

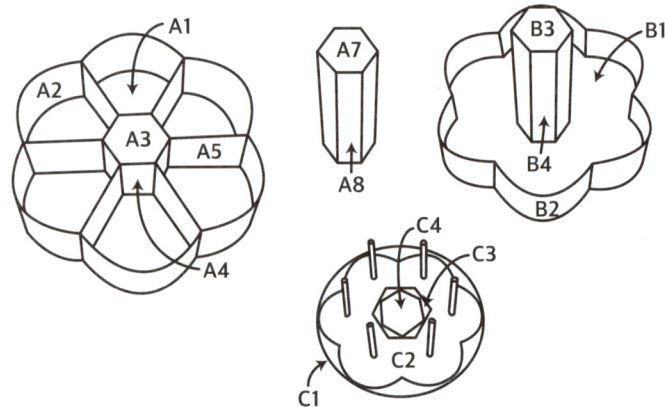

Σ 만드는 과정 Ƨ

1

1단 상자를 성형한다.
(꽃잎 바구니(160p) 1 ~ 2 참고)

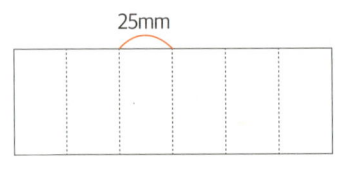

2

A4를 25mm 간격으로 반칼을 낸다.

3

2를 접어 A3에 붙여 기둥을 만든다.

<u>4</u>

꽃잎 가운데 기둥을 붙인다.

<u>5</u>

꽃잎 모서리에 맞춰 붙여
칸막이(A5)를 붙인다.

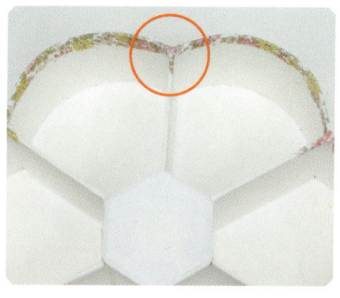

<u>6</u>

원단을 붙이고 칸막이가 있는 곳의
시접은 붙여준다.

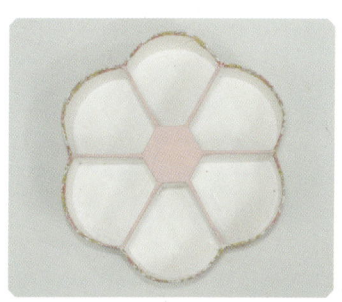

<u>7</u>

기둥 윗면과 칸막이 윗 부분에
원단을 붙여준다.

<u>8</u>

안쪽에 안지를 붙여준다.

<u>9</u>

A6에 원단을 붙인 후 뒤쪽
시접만 남기고 붙인다.

<u>1 0</u>

A6-1에 솜을 얹어 원단을 싼다.

<u>1 1</u>

<u>9</u>와 <u>10</u>을 붙인다.

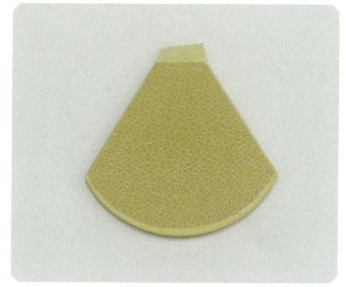

<u>1 2</u>

뚜껑 안쪽에 안지를 붙인다.

<u>1 3</u>

12의 여분 시접을
상자 기둥 위에 붙인다.

<u>1 4</u>

2단 상자를 성형한다.

<u>1 5</u>

옆면에 원단을 붙이고
바닥 안지를 붙인다.

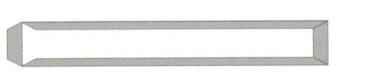

<u>1 6</u>

안지를 원단에 붙이고, 시접을 붙인 뒤,
<u>15</u> 안쪽 옆면에 붙인다.

<u>1 7</u>

1, 2단 상자 바닥지를 붙인다.

<u>1 8</u>

A7, A8을 성형한 뒤 원단을 붙인다.
B3, B4도 반복한다.

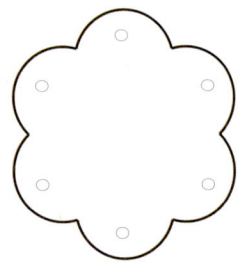

<u>1 9</u>

C1, C2를 원단으로 싸고
C2에 구멍을 뚫는다.

<u>2 0</u>

C1과 C2를 붙인다.

<u>2 1</u>

C3와 C4를
원단으로 싼 뒤 붙인다.

<u>2 2</u>

구멍에 막대를 붙인다.

<u>2 3</u>

<u>13</u> 위에
<u>18</u> 기둥을 붙인다.

<u>2 4</u>

<u>17</u>, <u>18</u>, <u>22</u>를 붙인 후
<u>23</u>을 붙여 완성한다.

실제 크기의 20%입니다.
단위는 mm입니다.

Σ 상세 도안 Ɜ

◎ 상자

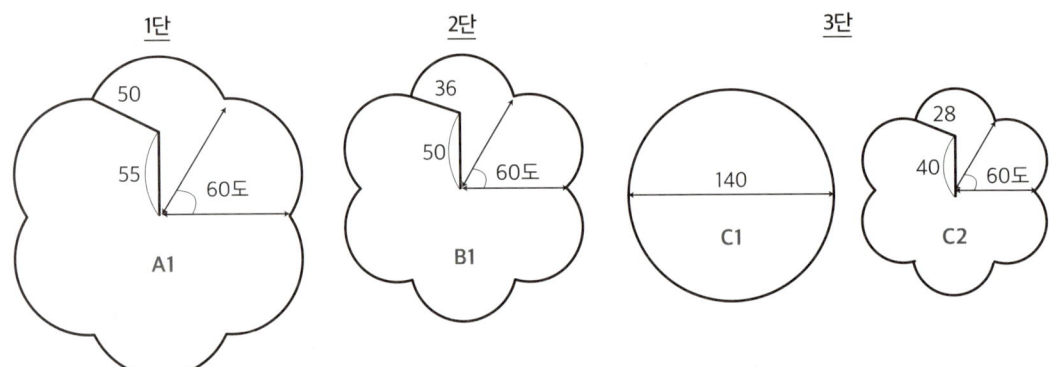

1단

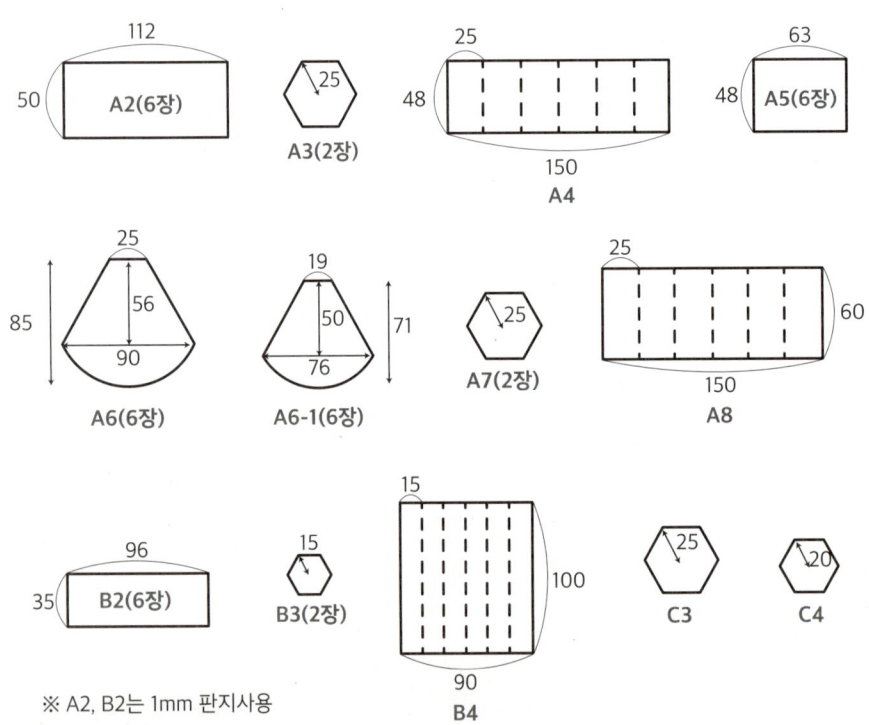

※ A2, B2는 1mm 판지사용

◎ 안지

25
56
85
90
a1/a4
(각 6장씩)

150
46
63　24　63
a2(6장)

110
46　**a3(6장)**

50
55
60도
a5

36
50
60도
b1/b3
(각 1장씩)

576
31　b2

138
c1

02

CARTONNAGE IN CRAFT ROOM

소잉박스

소잉박스

—

난이도 ☆☆☆

Σ 준비물 ろ

2mm 판지, 안지용 켄트지(혹은 가죽지), 원단,
투명 아크릴, 솔트레지, 볼트형 금속

Σ 조각 맞추기 ろ

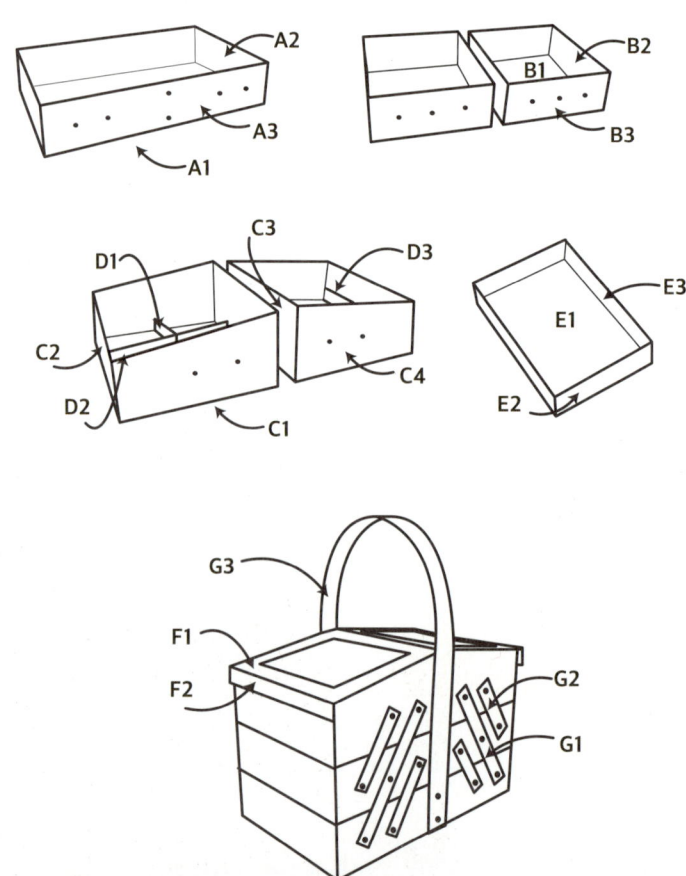

184

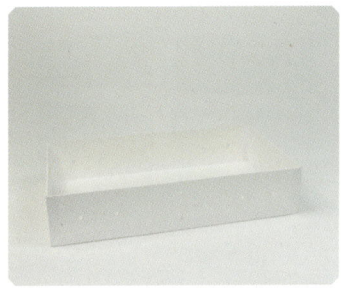

1
구멍을 뚫은 뒤 1단을 성형한다.

2
구멍을 뚫은 두 2단을 성형한다.

3
구멍을 뚫은 뒤 3단을 성형한다.

4
1단을 완성한다.

5
2단을 완성한다.

6
3단의 밖을 원단과 가죽지로 감싼다.

7
솔트레지로 손잡이를 만든다.

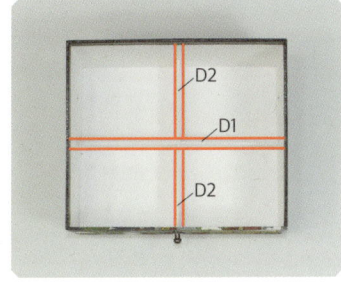

8
칸막이를 만든다

9
칸막이의 윗부분을 가죽지로 싼다.

10

바닥에 안지를 이용하여
원단을 붙인다.

11

칸막이 옆면에 가죽지를 붙인다.

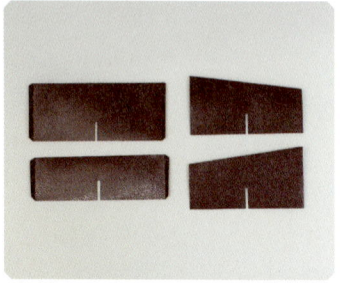

12

칸막이 부분만큼 안지를 잘라낸다.

13

왼쪽 옆면을 제외하고
12 안지를 상자에 붙인다.

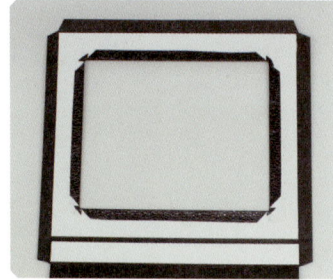

14

뚜껑은 창을 만들고
안쪽 시접은 접어 정리한다.

15

투명 PVC를 안쪽에 붙인다.

16

시접을 접어 붙인다.

17

솔트레지를 손잡이로 달아준다.

18

뚜껑을 상자 바깥쪽에 붙인다.

<u>19</u>

뚜껑이 맞는지 확인한다.

<u>20</u>

리본을 붙이고
물테이프로 마무리한다.

<u>21</u>

나머지 옆면에 안지를 붙인다.

<u>22</u>

뚜껑 안쪽에 안지를 붙인다.

<u>23</u>

반대쪽 상자는 리본을
오른쪽 옆면에 붙여준다.

<u>24</u>

양쪽 뚜껑의 열림 각도가
같은 것이 좋다.

<u>25</u>

트레이 받침대(D3)를 만들어
상자 안쪽에 붙인다.

<u>26</u>

받침대는 상자의 앞, 뒤에 설치한다.

<u>27</u>

미니 트레이를 만든다.

28

27을 받침대에 올린다.

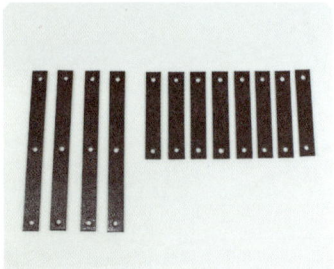

29

상자 연결을 위한
막대(G1, G2)를 만든다.

30

구멍에 볼트를 끼운다.

31

볼트를 조여 막대를 끼운다.

32

30, 31을 반복하여 1, 2, 3단을
막대로 연결한다.

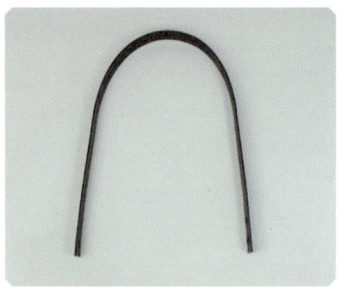

33

손잡이(G3)를 가죽지로 싼 뒤
형태를 잡아준다.

34

손잡이를 볼트로 연결한다.

35

부드럽게 펼쳐지는지 확인한다.

Σ 상세 도안 Ɀ

◎ 상자

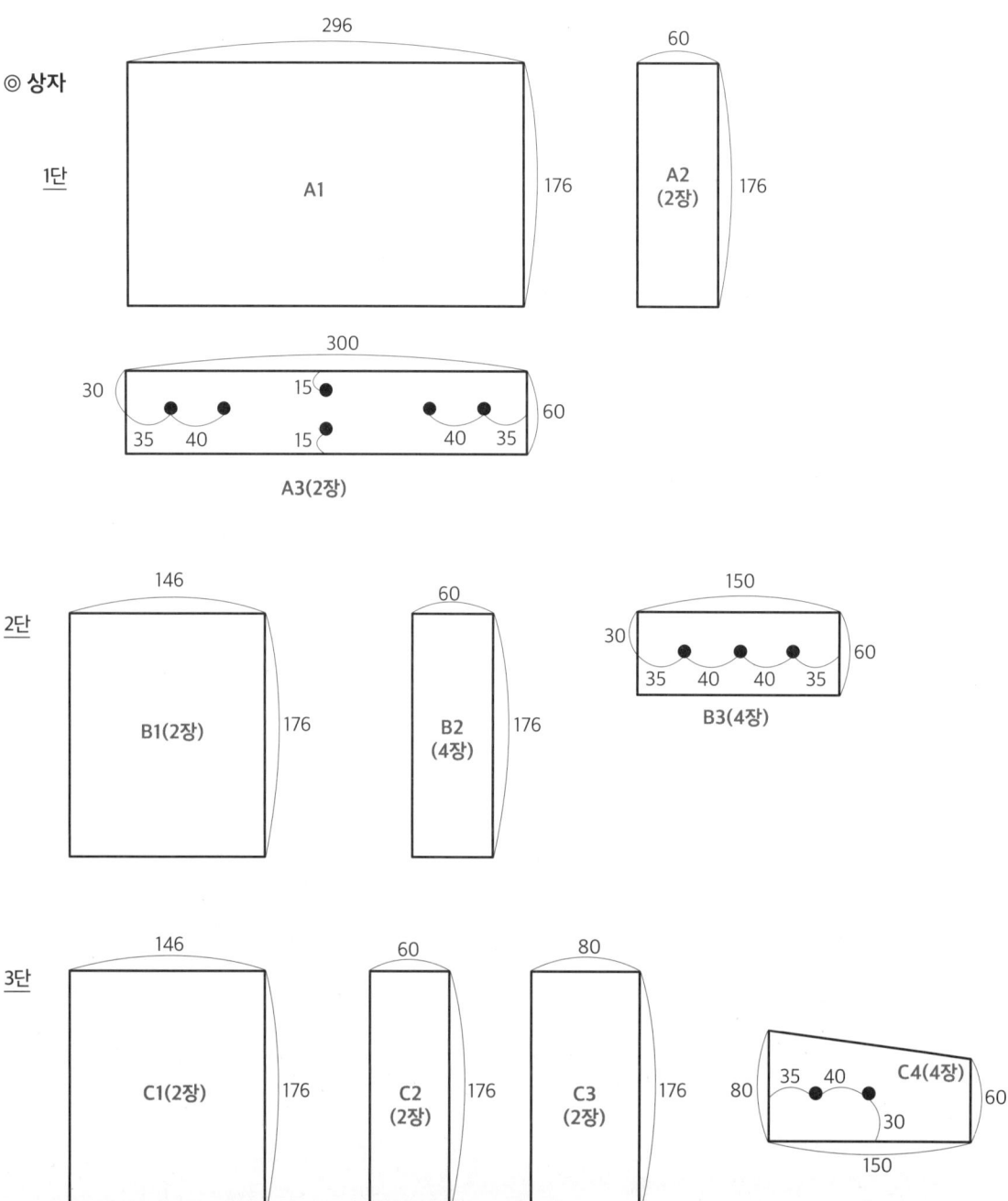

1단

296
A1
176

60
A2
(2장)
176

300
30
15
15
35 40 40 35
60
A3(2장)

2단

146
B1(2장)
176

60
B2
(4장)
176

150
30
35 40 40 35
60
B3(4장)

3단

146
C1(2장)
176

60
C2
(2장)
176

80
C3
(2장)
176

80
35 40
30
C4(4장)
150
60

190

칸막이

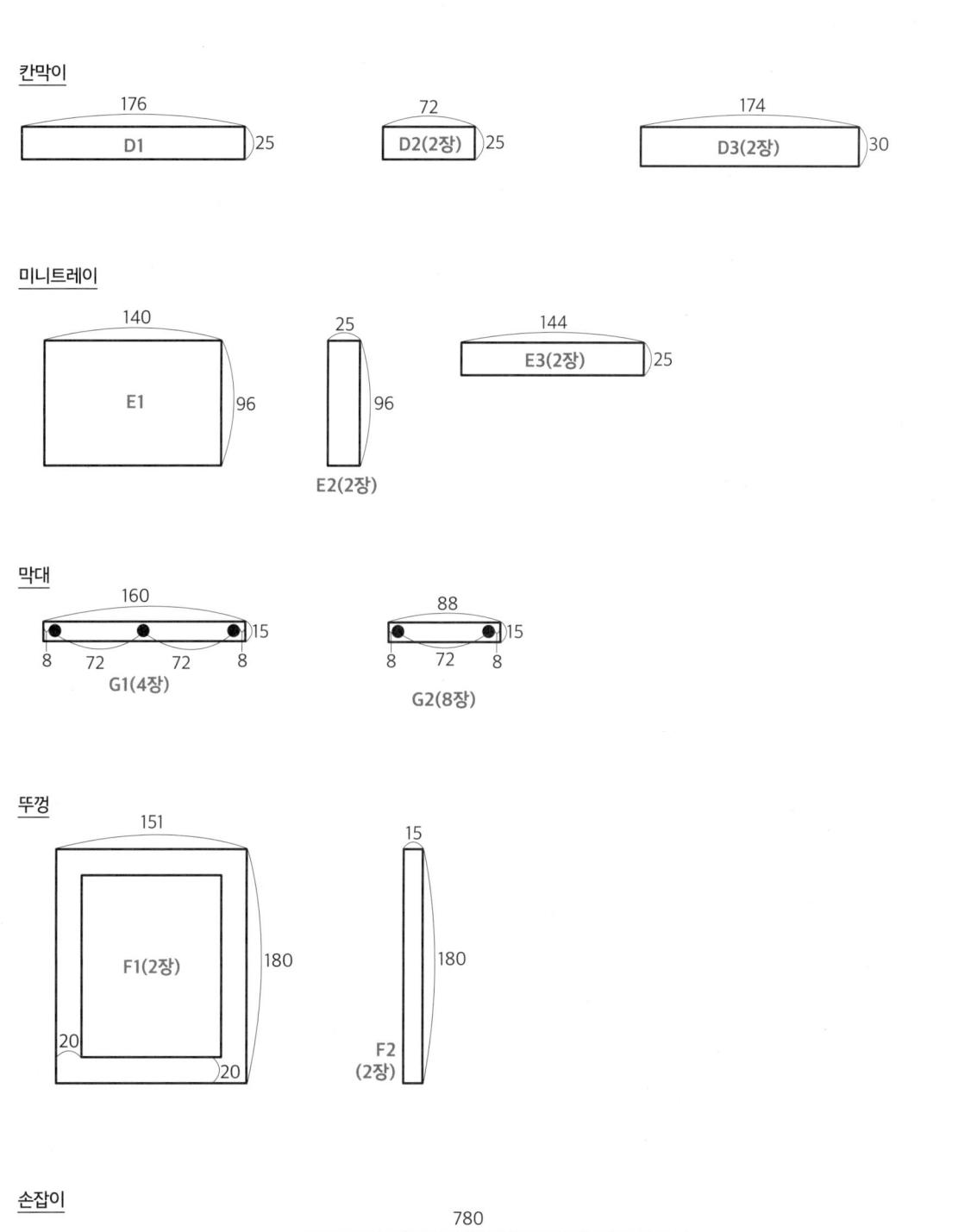

176
D1
25

72
D2(2장)
25

174
D3(2장)
30

미니트레이

140
E1
96

25
E2(2장)
96

144
E3(2장)
25

막대

160
G1(4장)
8 72 72 8
15

88
G2(8장)
8 72 8
15

뚜껑

151
F1(2장)
180
20
20

15
F2
(2장)
180

손잡이

780
G3
15 30
30 15
25

◎ 안지

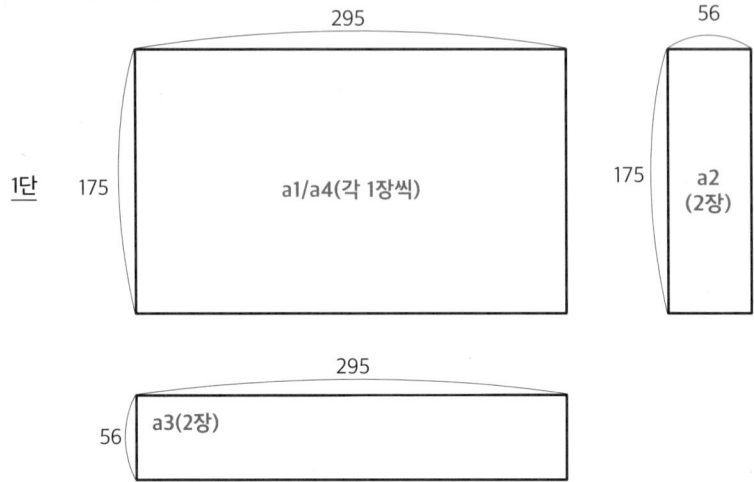

1단

295

175

a1/a4(각 1장씩)

56

175

a2
(2장)

295

56

a3(2장)

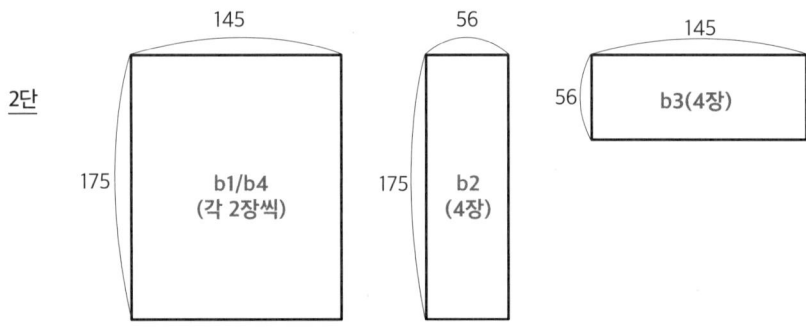

2단

145

175

b1/b4
(각 2장씩)

56

175

b2
(4장)

145

56

b3(4장)

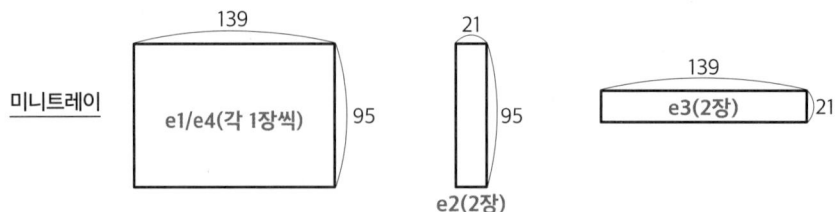

미니트레이

139

e1/e4(각 1장씩)

95

21

95

e2(2장)

139

e3(2장)

21

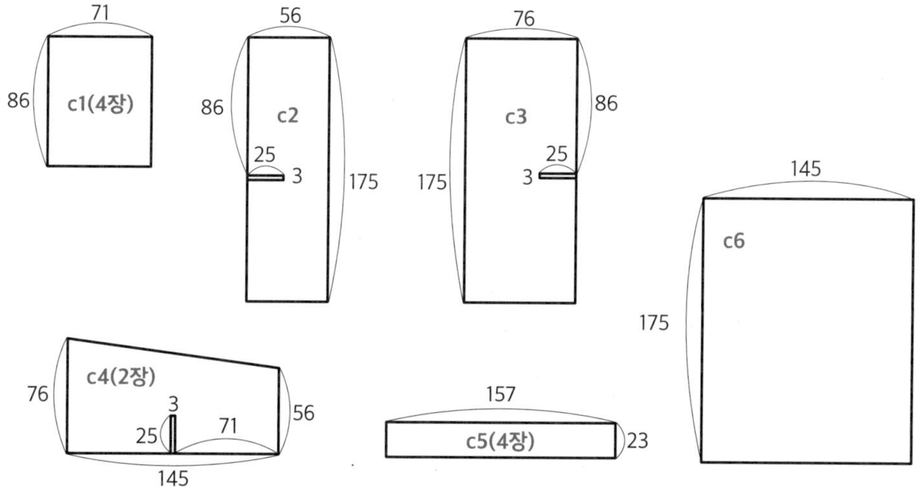

71

86 c1(4장)

56

86 c2

25
3

175

76

86 c3 86

175 25
3

175

145

c6

175

76 c4(2장)

3
25 71

56

145

157

c5(4장) 23

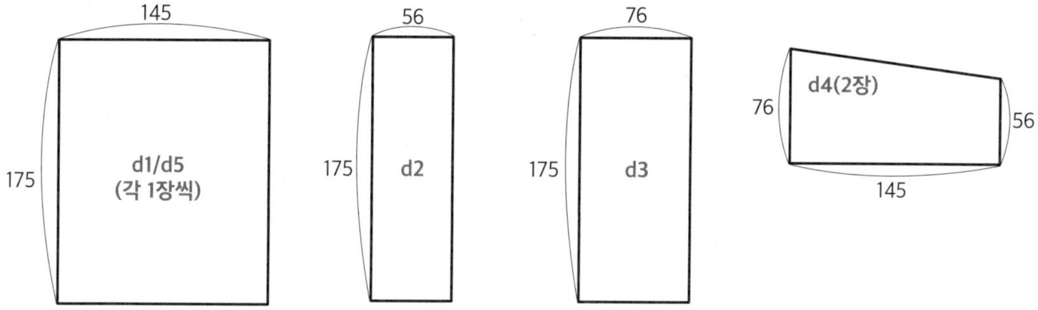

145

175 d1/d5
(각 1장씩)

56

175 d2

76

175 d3

76 d4(2장) 56

145

149

f1(2장)

146 178

16
117

16

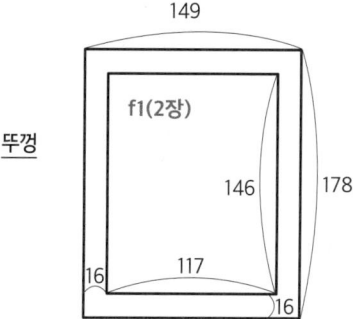

03
CARTONNAGE IN CRAFT ROOM
육각형 상자(소)

육각형 상자(소)

—

난이도 ☆

Σ 준비물 ℥

2mm 판지, 안지용 켄트지(혹은 가죽지), 원단, 솜, 솔트레지

Σ 조각 맞추기 ℥

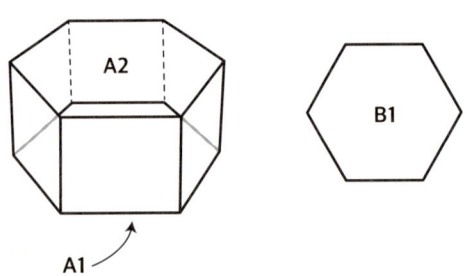

Σ 만드는 과정 ℥

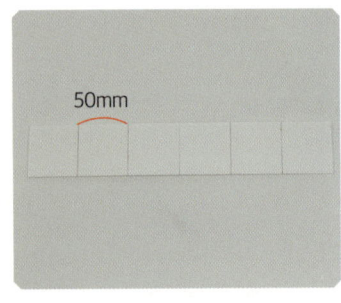

1

A2는 50mm 간격으로
반칼을 내준다.

2

A1, A2로 상자를 성형한다.

3

원단을 붙이고 위쪽 시접의 모서리
부분에 가위집을 낸 후 모두 붙인다.

4

안지(a1)를 원단에 붙이고
시접을 자른 후 상자 안에 붙인다.

5

안지(a2)를 상자에 넣고 접히는
부분은 눌러서 모양을 잡아준다.

6

5를 원단에 붙인 뒤
한쪽 시접만 남기고 모두 붙인다.

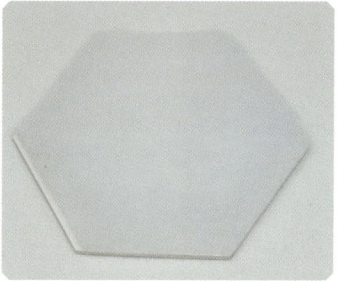

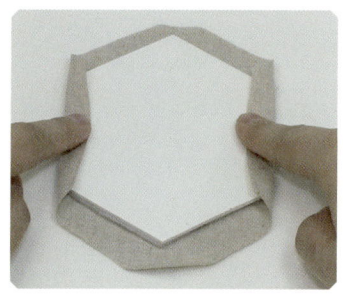

7

6의 시접을
시작으로 상자 안에 붙인다.

8

B1에 솜을 붙인다.

9

원단 위에 8을 뒤집어 올린 뒤
마주보는 시접을 당겨가며 붙인다.

10

나머지 시접도 마주보는
시접끼리 당겨 붙인다.

11

겹치는 부분의 시접은 잘라준다.

12

11에 솔트레지를 끼우고
B2에 원단을 싸서 붙인다.

Σ 상세 도안 Ƨ

◎ 상자

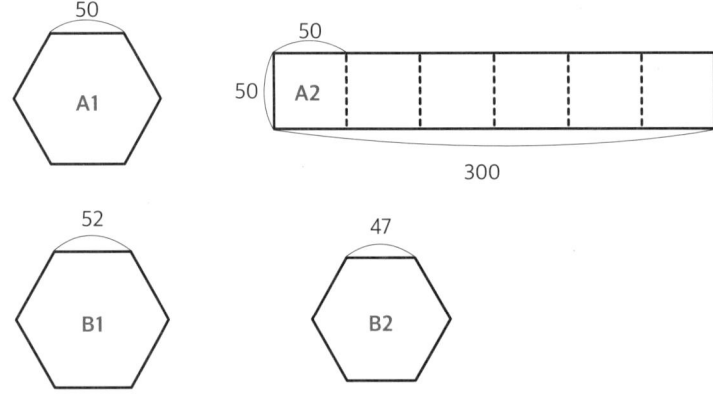

◎ 안지

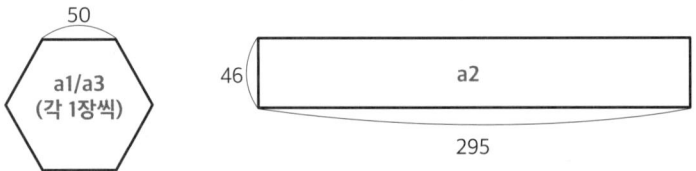

04

CARTONNAGE IN CRAFT ROOM

Thread Box

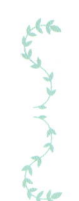

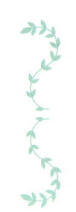

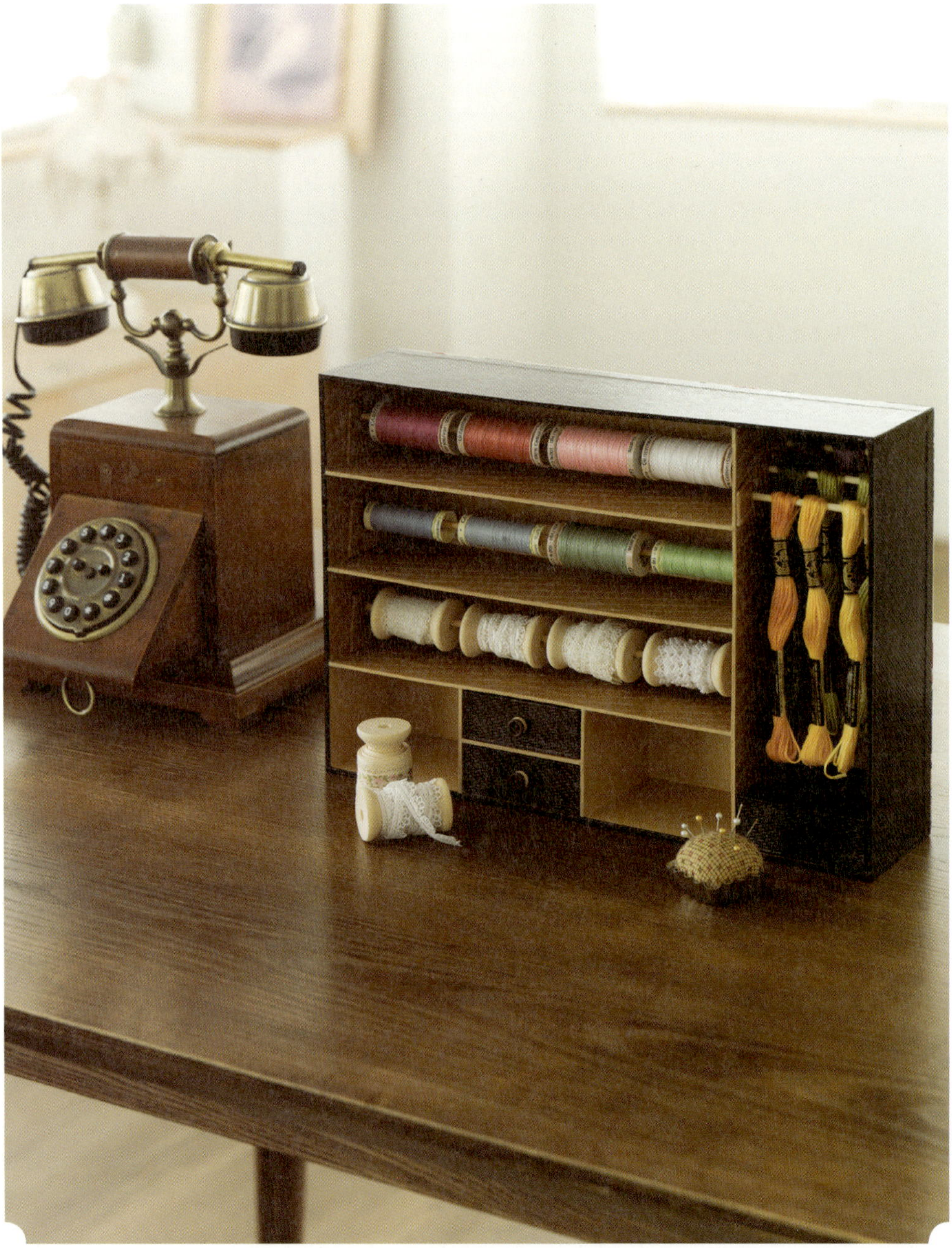

Thread Box

—

난이도 ☆☆☆

Σ 준비물 Ƹ

2.5mm 판지, 2mm 판지, 안지용 켄트지, 원단 혹은 가죽지, 나무막대

Σ 조각 맞추기 Ƹ

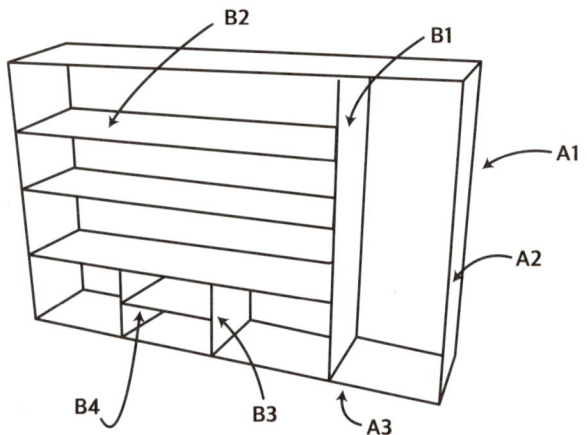

Σ 만드는 과정 Ƹ

1

상자를 성형한다.

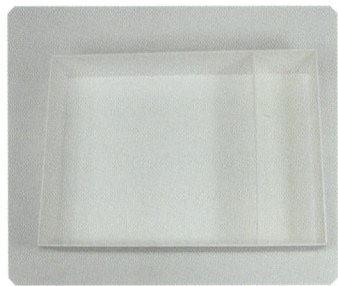

2

세로 칸막이를 붙인다.

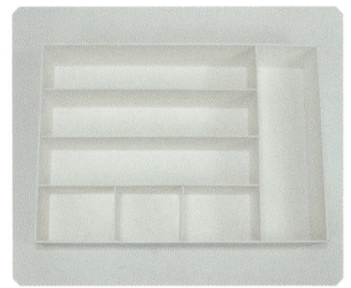

3

가로 칸막이를 붙인다.

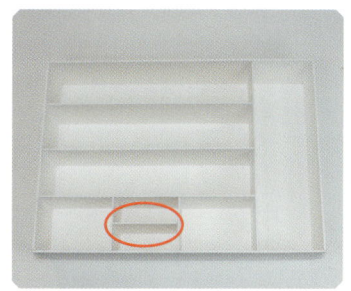

4

서랍을 넣을 부분에 칸막이를 붙인다.

5

앞면을 원단으로 싼다.

6

테두리를 싼다.

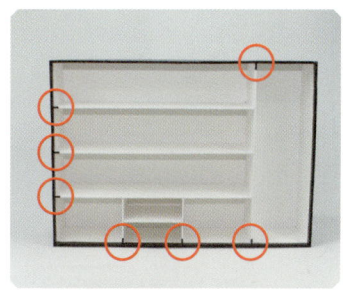

7

칸막이 부분은 시접을 위쪽에 붙인다.

8

칸막이 부분을 원단으로 싼다.

9

안지를 붙여준다.

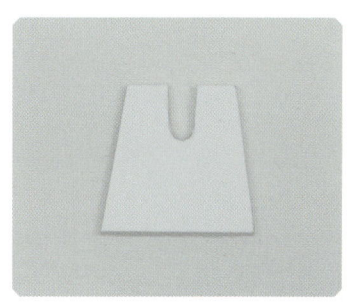

10

홈의 폭은 나무막대 사이즈에 맞춘다.

11

걸이를 원단으로 싼다.

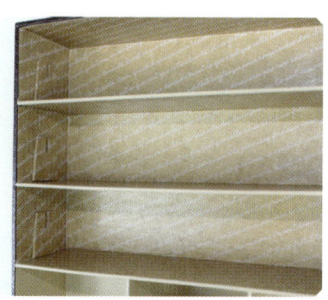

12

11을 상자 안 칸막이에 바짝 붙인다.

<u>13</u>

나무막대를 끼운다(길이 272mm).

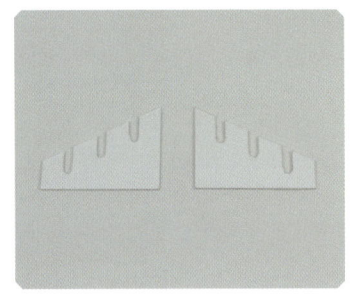

<u>14</u>

3단 걸이를 자른다.

<u>15</u>

3단 걸이를 원단으로 싼다.

Tip! 서로 마주보는 방향이 되어야 한다.

<u>16</u>

15를 안쪽 양옆에 붙인다.

<u>17</u>

나무막대를 끼운다(길이 80mm).

<u>18</u>

서랍을 성형한다.

<u>19</u>

서랍을 원단으로 싼다.

<u>20</u>

서랍 손잡이를 붙인다.

<u>21</u>

패턴을 살려 솜을 넣어
입체장식을 한다.

<u>22</u>

태팅 레이스로 장식한다.

<u>23</u>

실패를 감아 입체장식을 한다.

<u>24</u>

옷핀을 사용한 입체장식을 한다.
Tip! 입체장식은 원단의 패턴을 최대한 살려
개인의 창의성을 발휘하는 것이 좋다.

Σ 상세 도안 Ƹ

◎ 상자

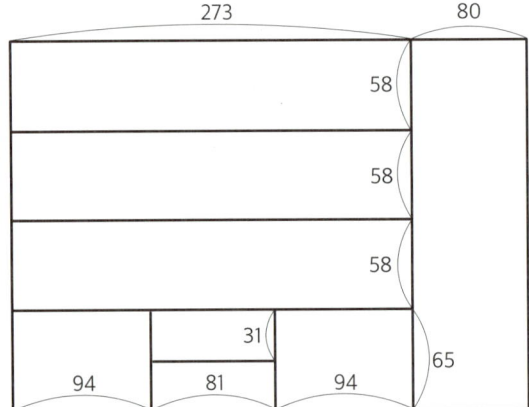

상자본체

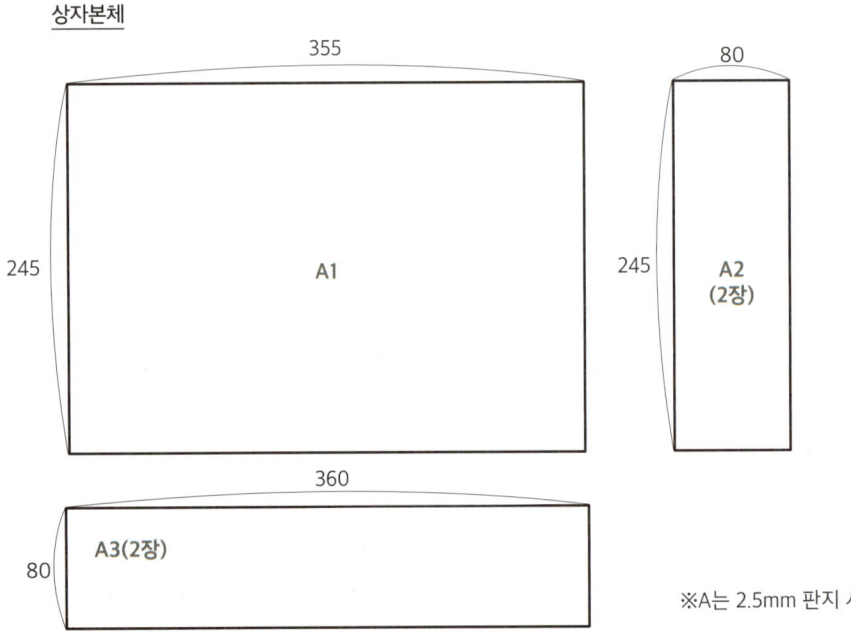

※A는 2.5mm 판지 사용

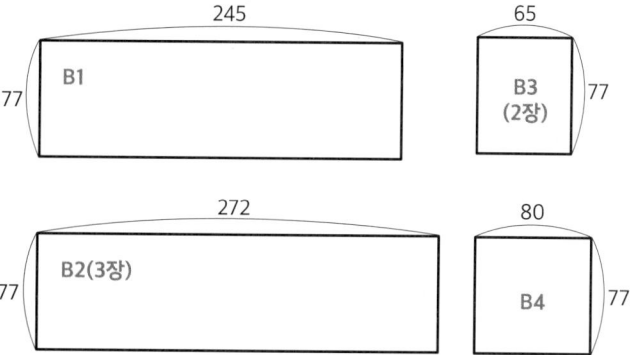

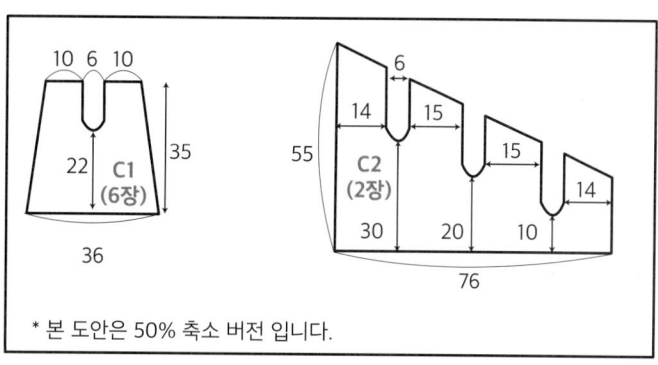

* 본 도안은 50% 축소 버전 입니다.

서랍

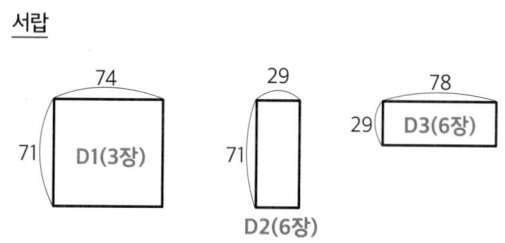

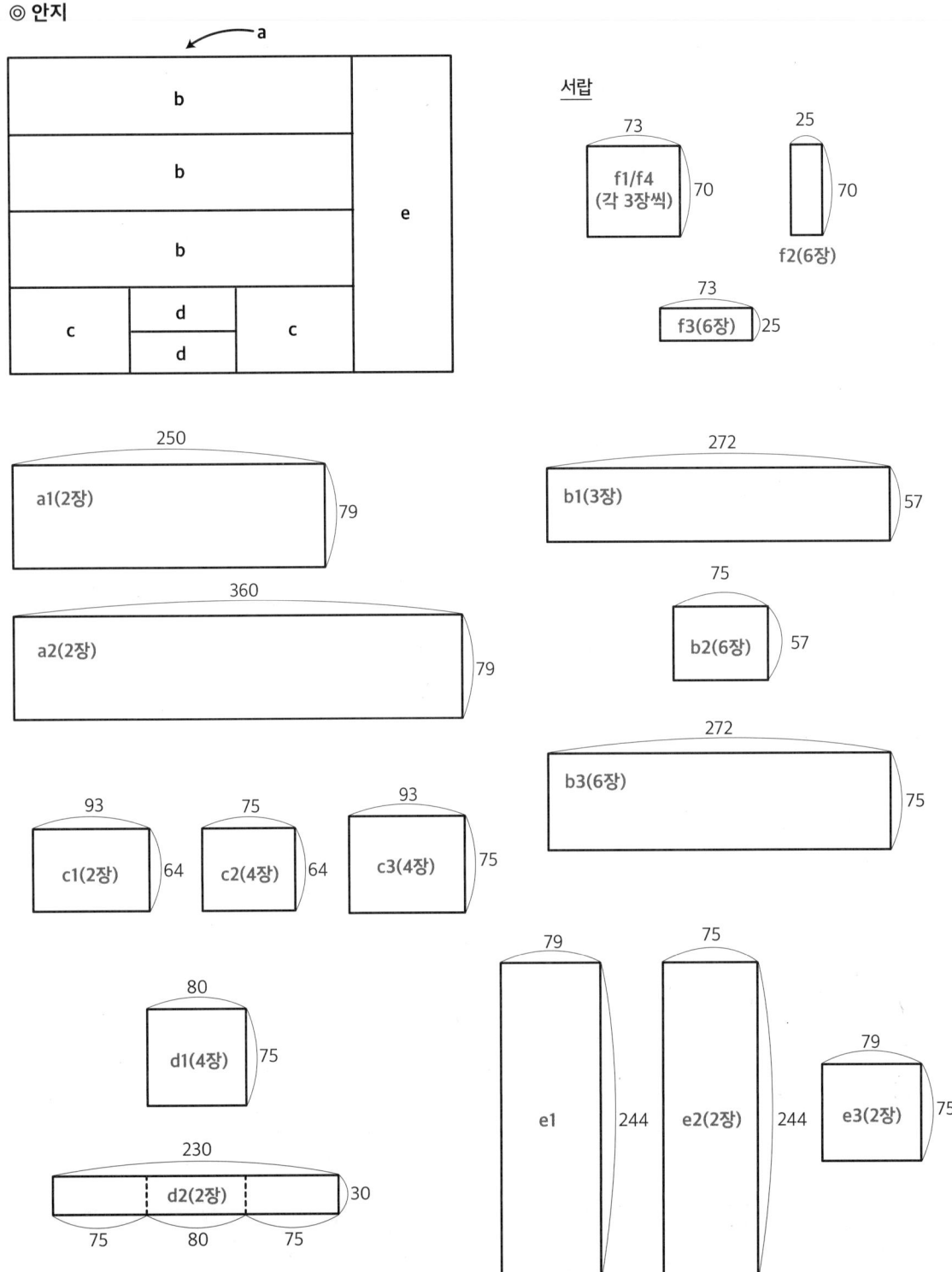

◎ 안지

서랍

전 세계 패브릭 브랜드

1. 리버티(LIBERTY, http://www.liberty.co.uk/)

영국의 리버티사는 역사와 전통을 가진 브랜드이다. 꽃
모양의 화려한 패턴과 촉감이 좋고 고급스러운 느낌의
원단을 많이 생산하고 있다.

Tip! 고가의 원단으로 전부 상자를 만들기보다는 포인트 부분에
사용하면 경제적으로 예쁜 상자를 만들 수 있다.

2. 캐스 키드슨(Cath Kidston, http://www.cathkidston.com/)

한국에서도 널리 알려진 캐스 키드슨에서도 화사하면서 로맨틱한 패브릭을 생산하고 있다. 로
맨틱한 장미나 스트로베리 패턴의 원단을 이용하여 귀여운 까또나주 상자를 만들 수 있다. 일
반 패브릭보다는 두꺼워서 만들기는 어렵지만 생활에 활용하기에는 좋다.

3. 틸다(Tilda, http://www.tildakorea.com)

틸다는 1999년 노르웨이 출신 디자이너 토네 피낭에르에 의해 시작되었다. 화사한 색감과 독
자적인 프린트로 사랑받고 있는 브랜드이다. 국내에서는 소잉팩토리(부라더미싱)에서 독점 수
입되고 있어 한국에서도 매 시즌 틸다 만의 유럽풍 인형, 패브릭, 장식 소품 등 다양한 핸드메이
드 제품을 만나볼 수 있다.

4. 유와(YUWA, http://yuwafabrics.e-biss.jp/)

퀼트를 하는 사람들에게는 널리 알려진 일본 회사이다. 장미 시리즈와 스위트 시리즈, 귀부인의 행렬 등은 국내에서 쉽게 구할 수 있다는 장점이 있으나 색상의 톤이 화려하거나 밝지는 않다.

5. 사쥬(Sajou, www.sajou.fr)

소잉, 자수 등으로 국내에 알려진 사쥬는 다양한 수공예 제품을 생산하고 있다. 사쥬만의 독특한 원단도 생산하고 있지만 국내에서는 구하기가 쉽지 않다.

6. 마이클밀러(www.michaelmillerfabrics.com/)

1990년 뉴욕 맨하튼에서 시작된 원단 디자인 회사이다. 밝고 화려한 패턴으로 국내에서 구하기도 쉽고 비교적 저렴한 가격에 구입할 수 있다.

7. 모다(MODA, http://storefront.unitednotions.com/storefrontCommerce/)

1975년부터 퀼트 원단을 생산하기 시작한 모다는 현재 다양한 디자인 라인을 갖추고 있다. 국내에도 일찍이 수입되어 저렴한 가격에 원단을 구매할 수 있다.

PART
05

Cartonnage for
Special Days

01

CARTONNAGE FOR SPECIAL DAYS

북형 상자(소)

북형 상자(소)

난이도 ☆

Σ 준비물 Ƨ

2mm 판지, 안지용 켄트지(혹은 가죽지), 원단 , 리본

Σ 조각 맞추기 Ƨ

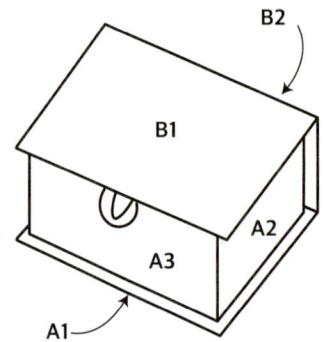

Σ 만드는 과정 Ƨ

북형상자 만들기는 '기본상자 만들기(40~50p)' 참고

Σ 상세 도안 Ƨ

◎ 상자

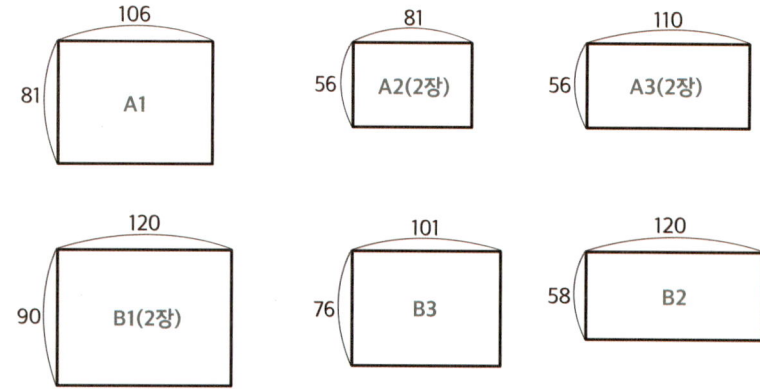

◎ 안지

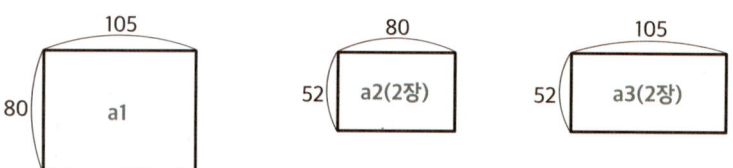

02

CARTONNAGE FOR SPECIAL DAYS

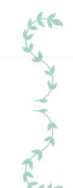

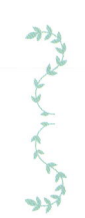

목마

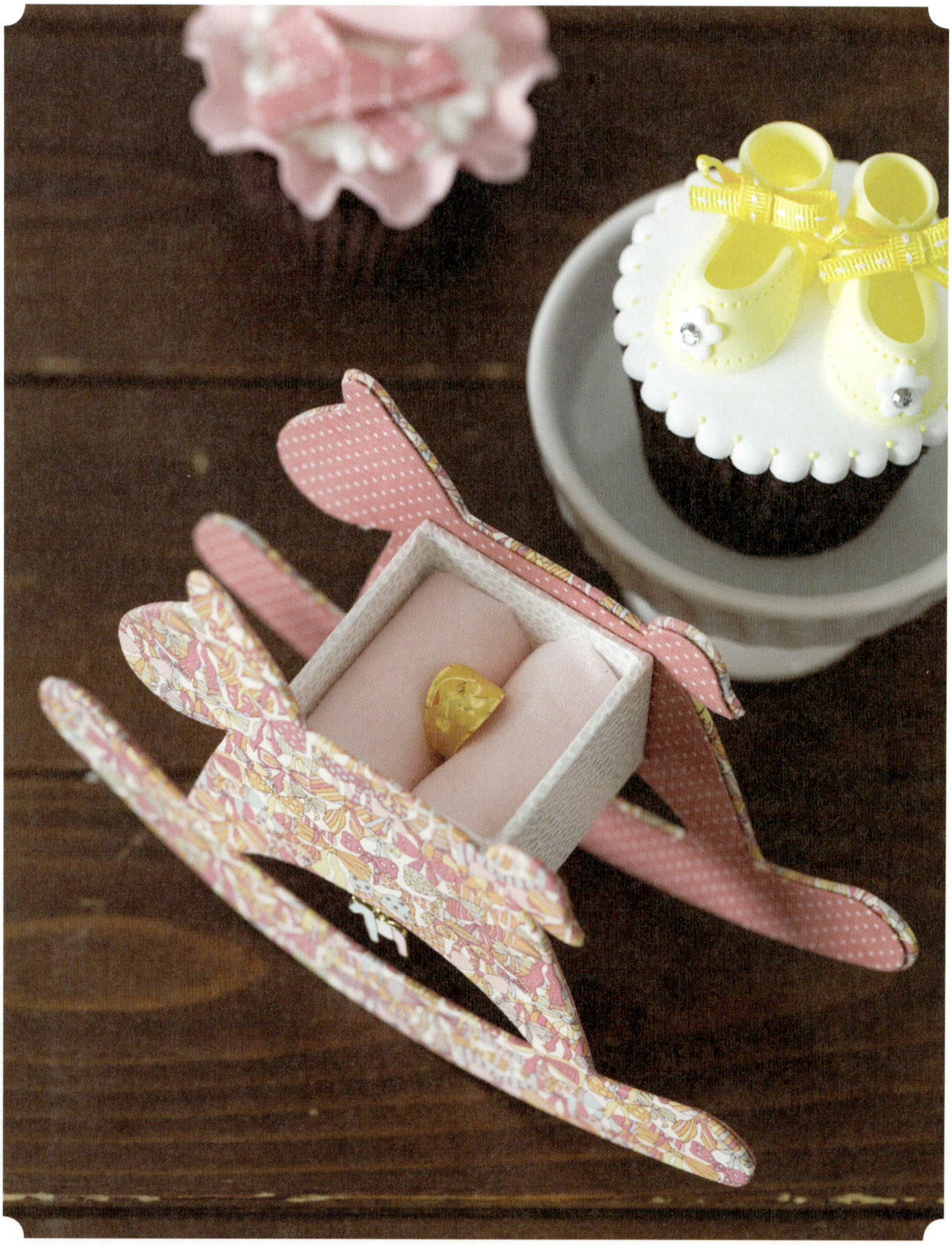

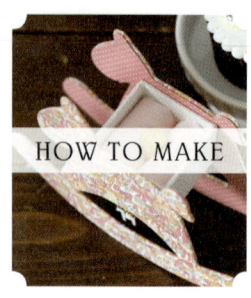

HOW TO MAKE

목마

—

난이도 ☆

Σ 준비물 Ƨ

2mm 판지, 안지용 켄트지(혹은 가죽지), 원단 , 9핀, 솜, 금속장식

Σ 조각 맞추기 Ƨ

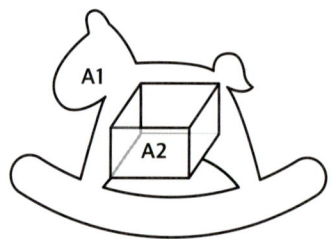

Σ 만드는 과정 Ƨ

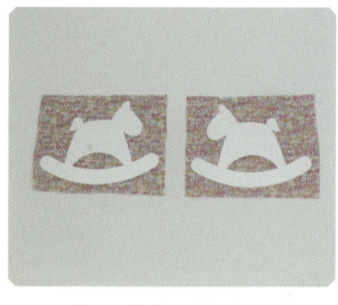

1	2	3
원단을 붙이는데, 서로 반대방향으로 붙인다.	핑킹가위로 시접을 자른 뒤 접어서 붙인다.	금속 장식을 9핀에 끼워둔다. **Tip!** 판지에 금속이 고정되어 움직이지 않도록 구부려준다.

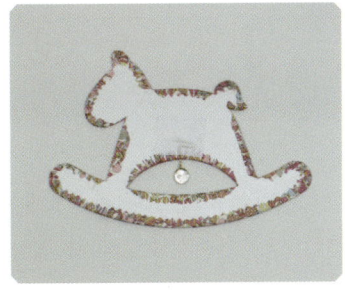

4

판지에 물테이프를
이용하여 핀을 붙인다.

5

a1을 1, 2를
반복한 후 4와 붙인다.

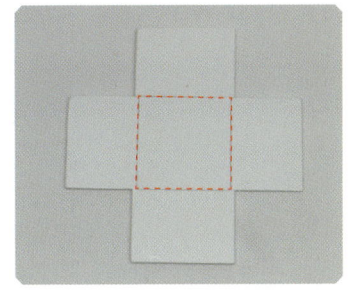

6

A2에 반칼을 낸다.

7

접어 상자를 성형한다.

8

가죽지를 이용하여
바깥면과 바깥 바닥을 붙인다.
Tip! 가죽지는 마지막에
시접을 접을 필요가 없다.

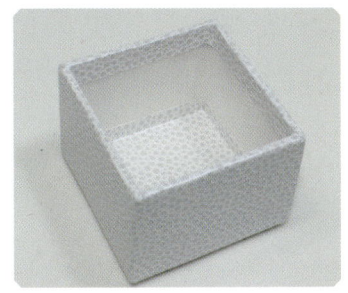

9

안쪽 바닥에 가죽지를 붙인다.

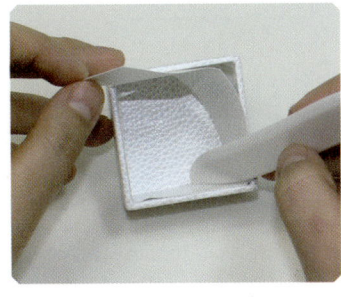

10

안쪽 옆면에 가죽지를 붙인다.
Tip! 각이 잘 접히도록 도구를 이용한다.

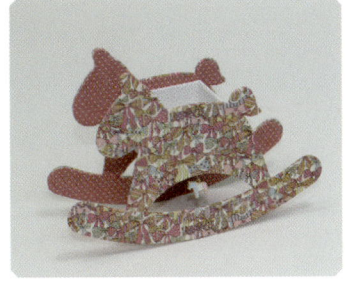

11

겉판지와 안쪽 상자를 붙여준다.
Tip! 가죽지 겉면은 접착력이 떨어지기
때문에 물테이프를 한 번 붙인 뒤
판지와 붙이는 것이 좋다.

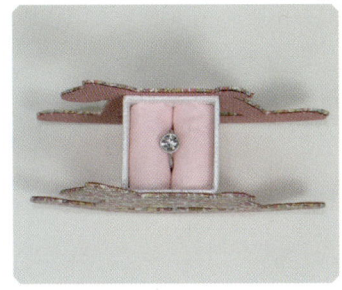

12

솜과 원단으로 반지꽂이를 만든다.
Tip! 솜을 원형으로 말아 원단으로 감싼 뒤
상자 크기에 맞는 길이로 잘라 끼워준다.

∑ 상세 도안 ℨ

◎ 상자

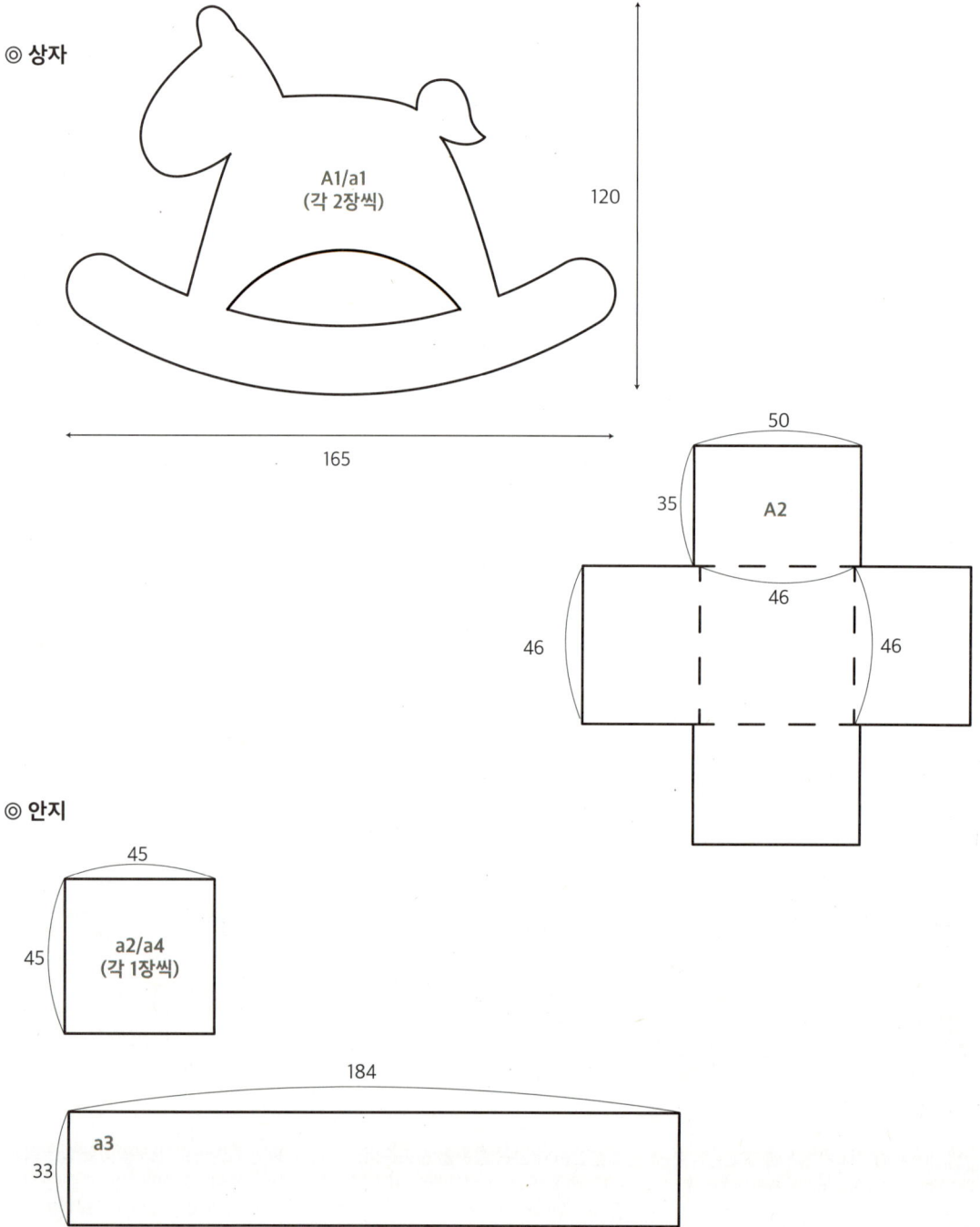

A1/a1
(각 2장씩)

120

165

50

A2

35

46

46

46

◎ 안지

45

a2/a4
(각 1장씩)

45

184

a3

33

03

CARTONNAGE FOR SPECIAL DAYS

프러포즈 데이

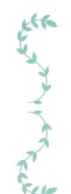

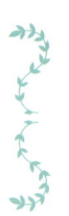

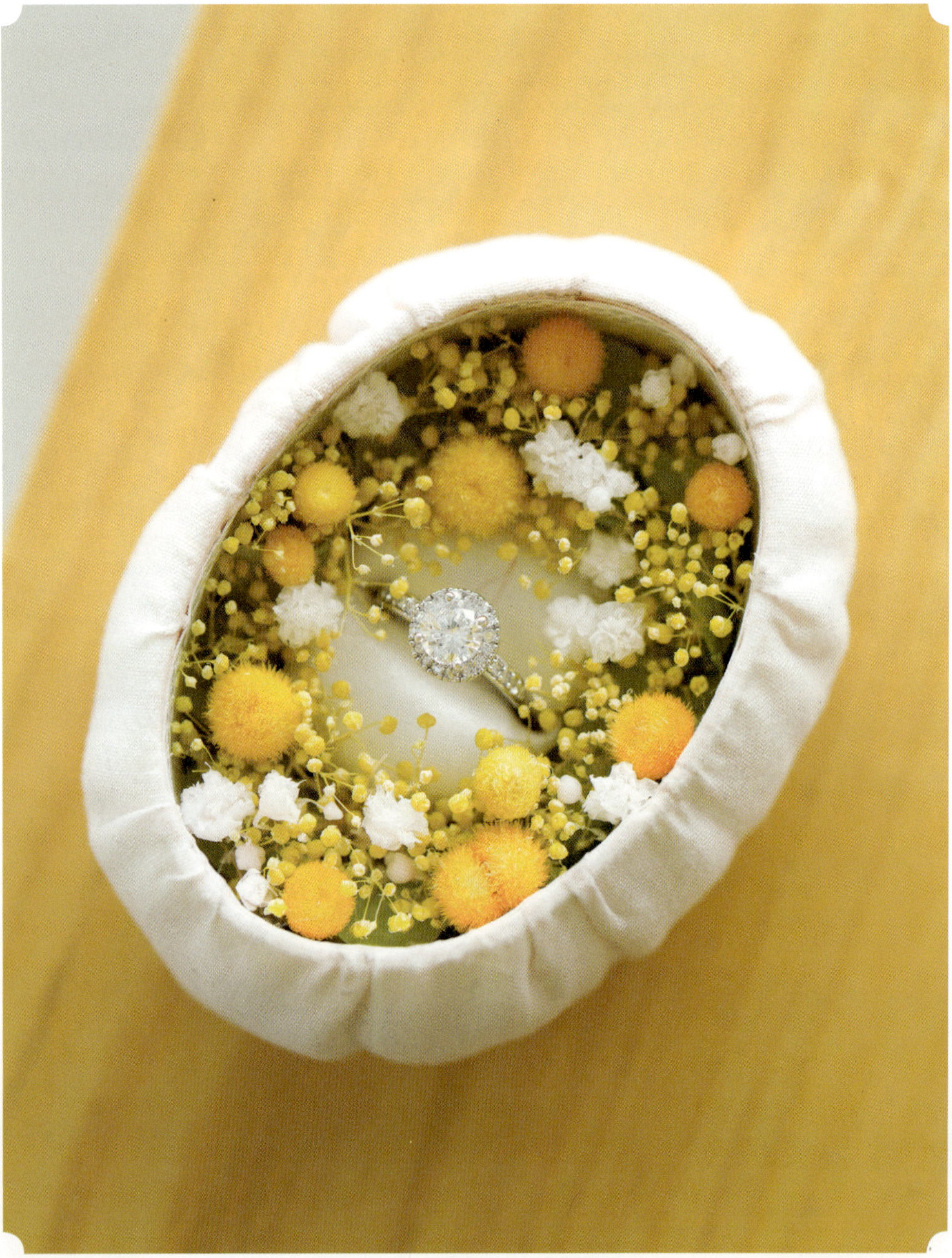

프러포즈 데이

—

난이도 ☆

Σ 준비물 Ʒ

2mm 판지, 1mm 판지, 안지용 켄트지(혹은 가죽지),
원단, 솜, 리벳, 금속 틀, 투명 아크릴

Σ 조각 맞추기 Ʒ

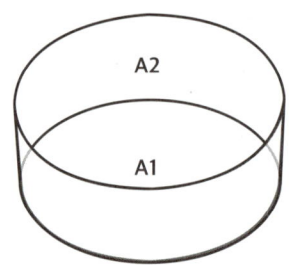

Σ 만드는 과정 Ʒ

1
상자를 성형한다.

2
상자에 솜을 붙인다.

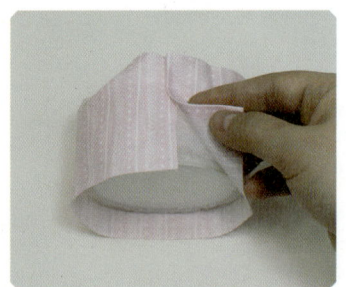

3
솜 위로 원단을 감싸고
마지막 시접 부분만 풀로 붙인다.

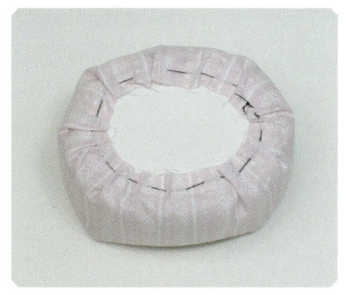

<u>4</u>

바닥의 시접은 바느질하여
조여가면서 원단을 붙인다.

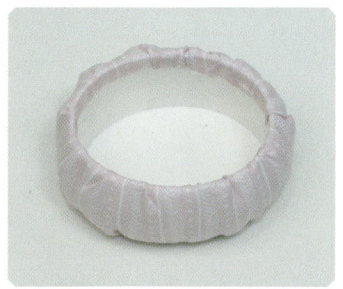

<u>5</u>

윗부분 시접을 접어 붙인다.

<u>6</u>

바닥지를 붙인다.

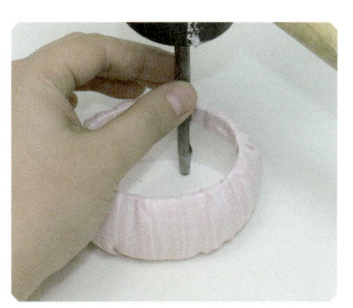

<u>7</u>

펀치를 이용하여 구멍을 뚫는다.

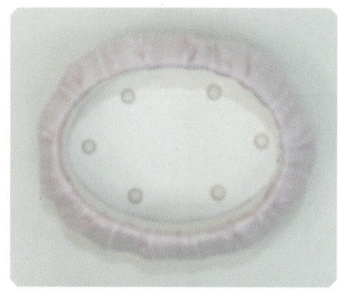

<u>8</u>

좌우 대칭으로 6개를 뚫는다.

<u>9</u>

리벳을 끼운다.

<u>10</u>

바닥 안지 시접을 핑킹가위로 자른 후
상자 안쪽 바닥에 붙인다.

<u>11</u>

옆면 안지를 붙인다.

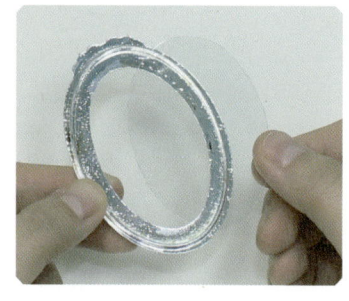

<u>12</u>

금속틀에 순간접착제로
아크릴을 붙인다.

Σ 상세 도안 Ƨ

◎ 상자

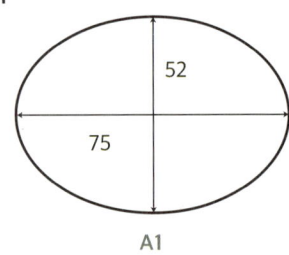

A1

205

A2

40

※ A2는 1mm 판지 사용

◎ 안지

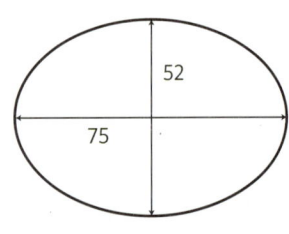

a1/a3(각 1장씩)

198

a2

37

04

CARTONNAGE FOR SPECIAL DAYS

크리스마스

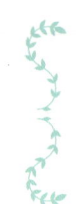

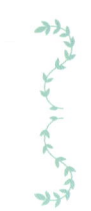

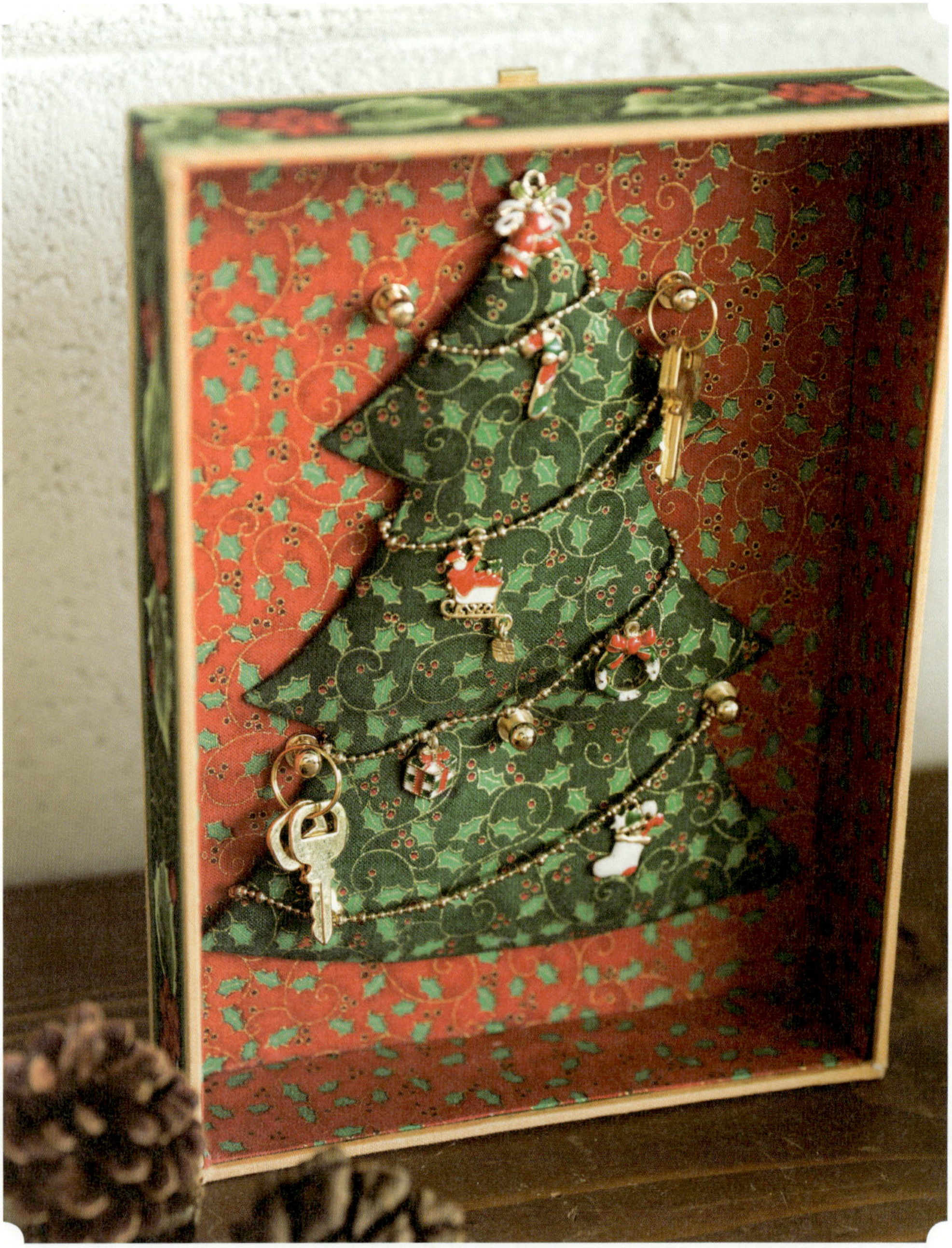

크리스마스

—

난이도 ☆☆

Σ 준비물 Ƹ

1mm 판지, 2mm 판지, 안지용 켄트지(혹은 가죽지), 원단,
솜, 금속장식, 솔트레지, 체인

Σ 조각 맞추기 Ƹ

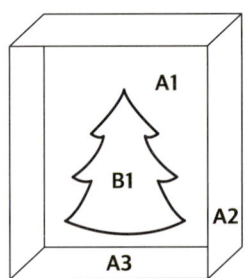

A1
B1
A2
A3

Σ 만드는 과정 Ƹ

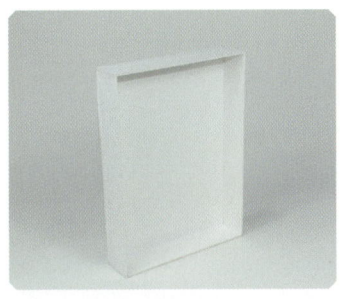

<u>1</u>

상자를 성형한다.

<u>2</u>

원단을 붙이고 시접을 접어 붙인다.
Tip! 라인이 있는 원단은
끝을 맞춰야 예쁘다.

<u>3</u>

시접을 접어서 붙인다.

4

안지를 붙인다.

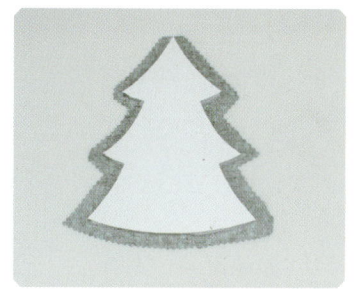

5

트리 모양에 솜을 붙인 뒤
원단으로 싼다.

6

체인의 위치를 잡아준다.

7

뒷면에 체인을 고정시키고
물테이프를 붙인다.

8

금속장식을
순간접착제로 고정시킨다.

9

상자에 트리를 붙인다.

10

솔트레지를 끼운다.

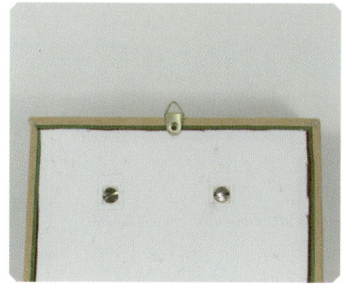

11

뒷면에 고리를 순간접착제로
고정한다.

12

바닥지를 붙인다.

Σ 상세 도안 ⊰

◎ 상자

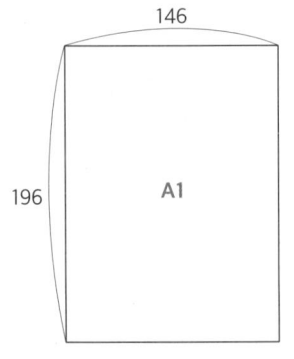

146

196

A1

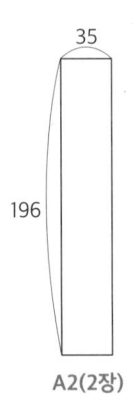

35

196

A2(2장)

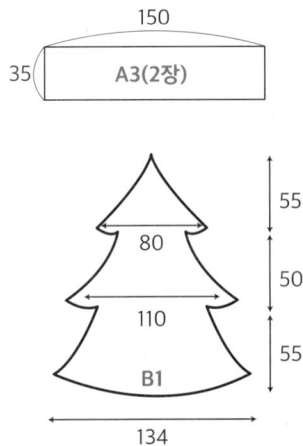

150

35

A3(2장)

55

80

50

110

55

B1

134

※B1은 1mm 판지사용

◎ 안지

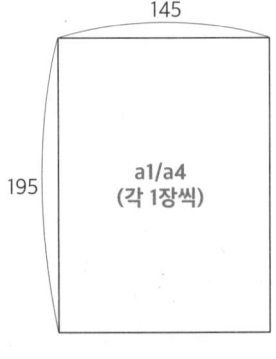

145

195

**a1/a4
(각 1장씩)**

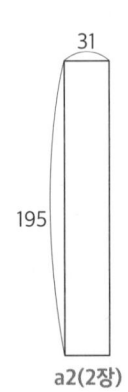

31

195

a2(2장)

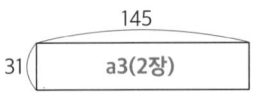

145

31

a3(2장)

05

CARTONNAGE FOR SPECIAL DAYS

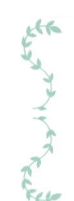

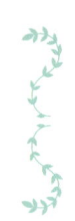

애견 옷장

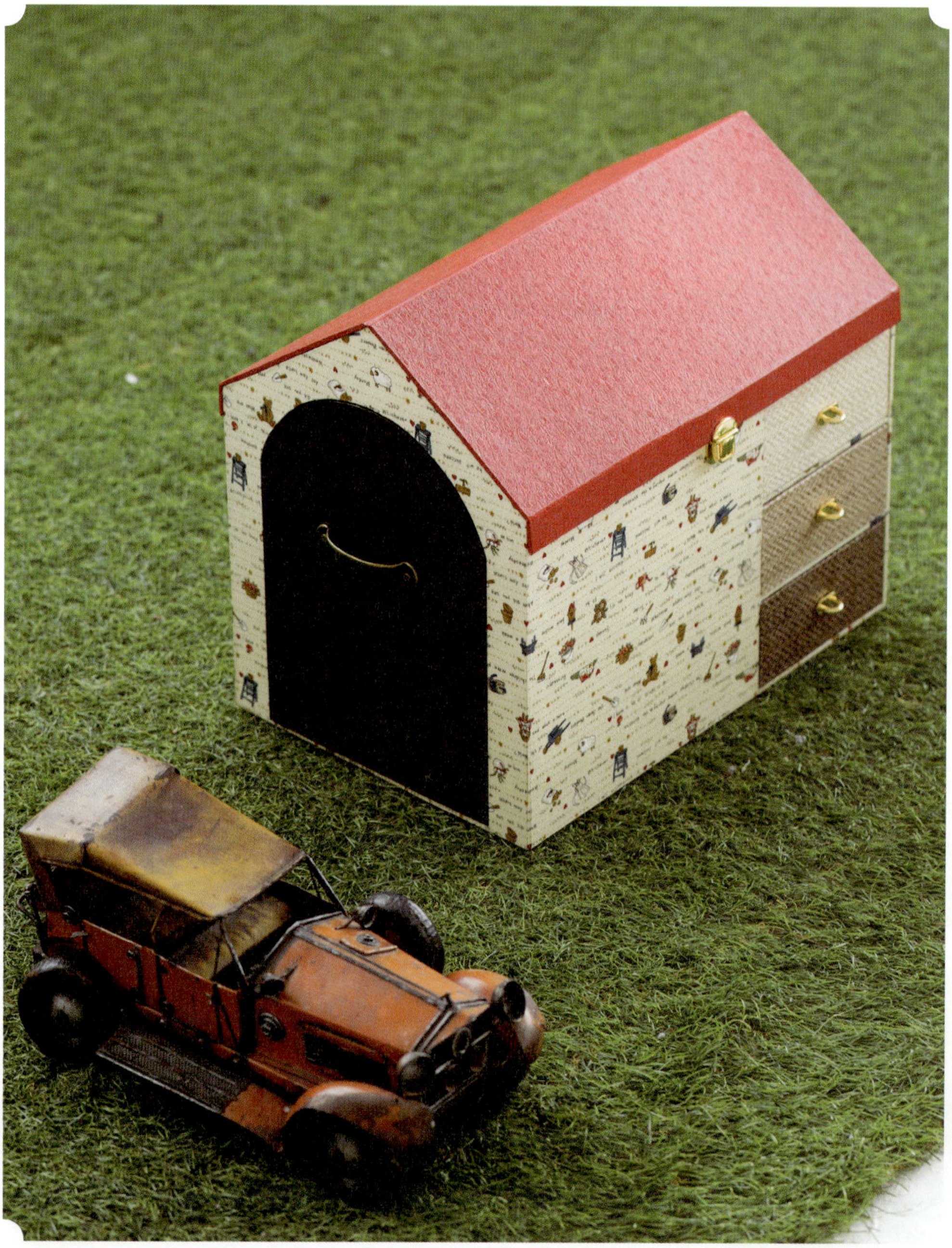

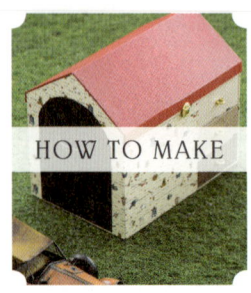

애견 옷장

—

난이도 ☆☆☆

Σ 준비물 Ʒ

2.5mm 판지, 안지용 켄트지(혹은 가죽지), 원단, 손잡이, 잠금장식

Σ 조각 맞추기 Ʒ

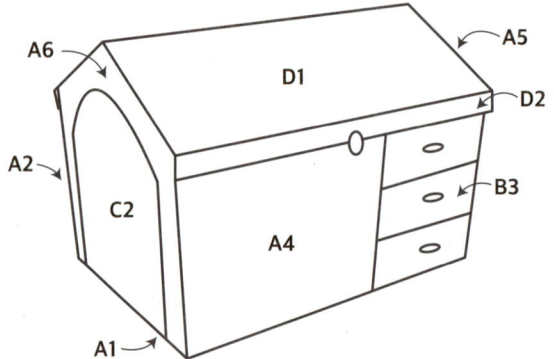

Σ 만드는 과정 Ʒ

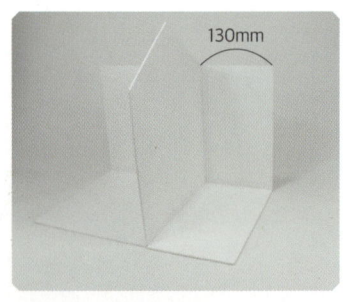

___1___

A1→A2→A3 순으로 성형한다.

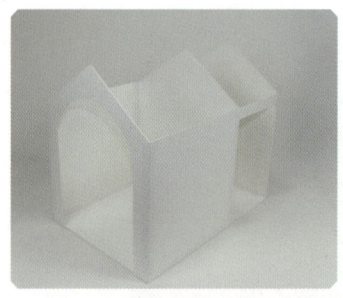

___2___

A4→A5→A6 순으로 성형한다.

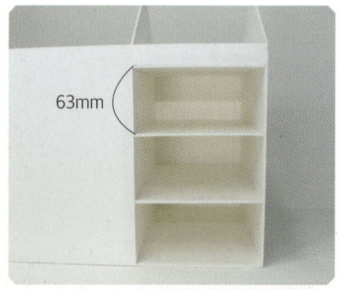

___3___

A7을 63mm 간격으로 붙인다.

4

상자를 원단으로 싼다.

5

a4를 원단에 붙여
상자 안쪽 바닥에 붙인다.

6

a3는 상자에 넣어 사이즈를 맞춘다.

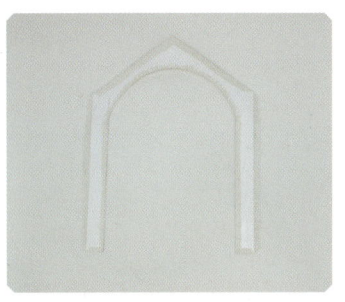

7

a3는 양쪽 바깥 시접만 살려
상자에 붙인다.

8

a2는 원단에 붙인 뒤 맨 아래
시접만 붙인다.

9

8의 옆면 시접은 상자에 붙이고,
위쪽 시접은 뒤로 넘겨 붙인다.

10

a4 1개를 제외한 나머지
안지를 모두 붙인다.

11

서랍틀의 안지를 붙인다.

12

B1, B2, B3를 성형한 후
원단으로 싼다.

<u>1 3</u>

손잡이를 단다.

<u>1 4</u>

서랍의 안지와 바깥 바닥을 붙인다.

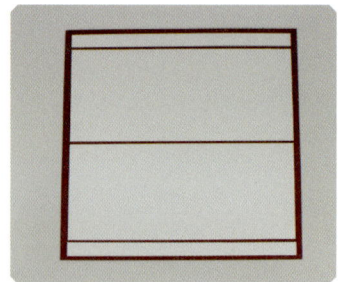

<u>1 5</u>

D1, D2를 4mm 간격으로 붙인다.

<u>1 6</u>

시접과 안지를 붙인다.

<u>1 7</u>

<u>16</u>에 잠금장식을 단다.

<u>1 8</u>

표시된 부분에 풀을 바른 후
<u>17</u>을 붙인다.

<u>19</u>

나머지 잠금장식을 단다.

<u>20</u>

남겨둔 안지 a5를 붙인다.

<u>21</u>

C1, C2를 성형한다.

<u>22</u>

바깥과 안쪽을 싼다.

<u>23</u>

손잡이를 단다.

<u>24</u>

사이에 기둥(208mm)을 붙여준다.

Σ 상세 도안 Ƹ

◎ 상자

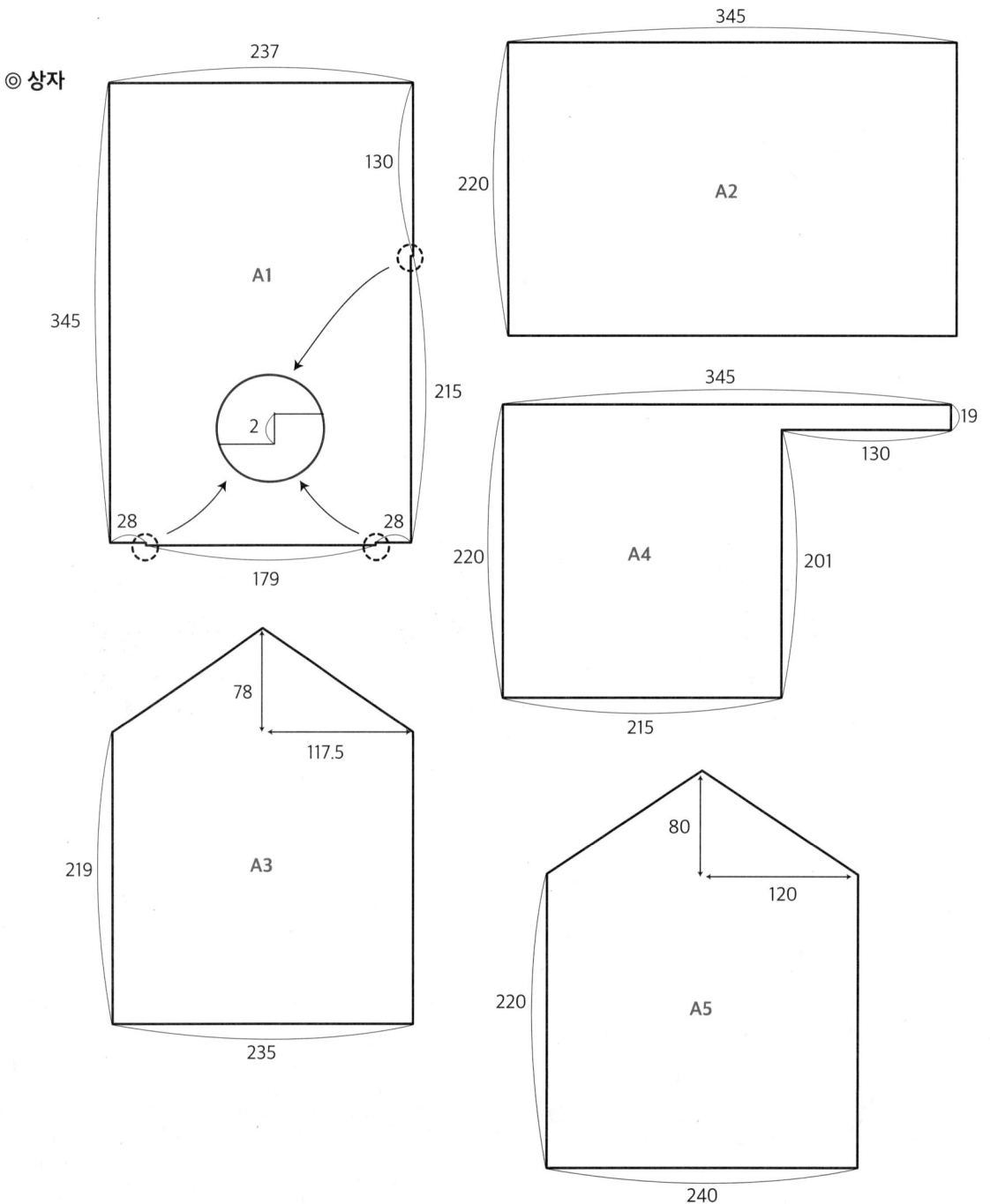

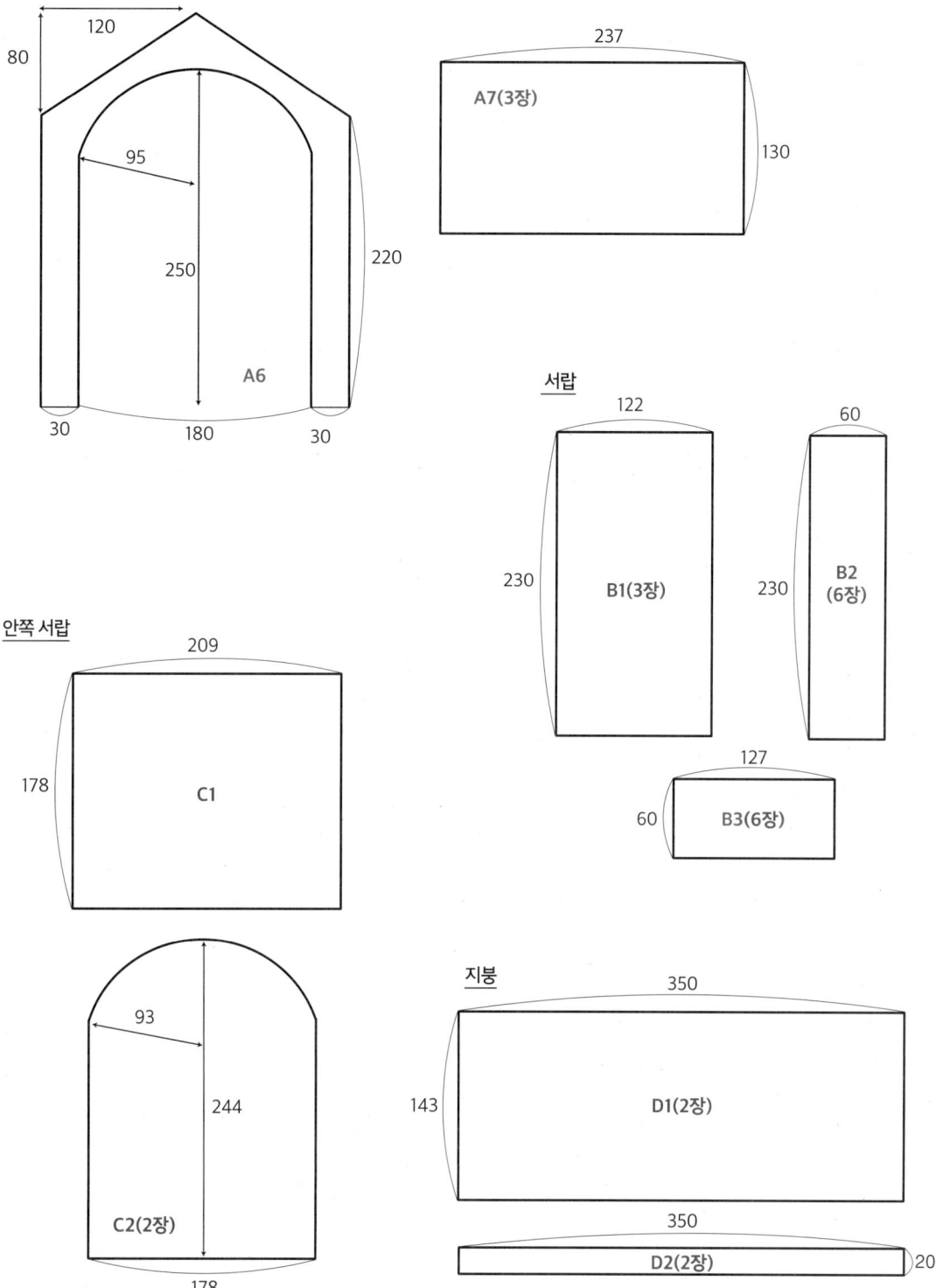

120

80

95

250

A6

30   180   30

220

237

A7(3장)

130

서랍

122

230   B1(3장)

60

230   B2
(6장)

127

60   B3(6장)

안쪽 서랍

209

178   C1

93

244

C2(2장)

178

지붕

350

143   D1(2장)

350

D2(2장)   20

245

◎ 안지

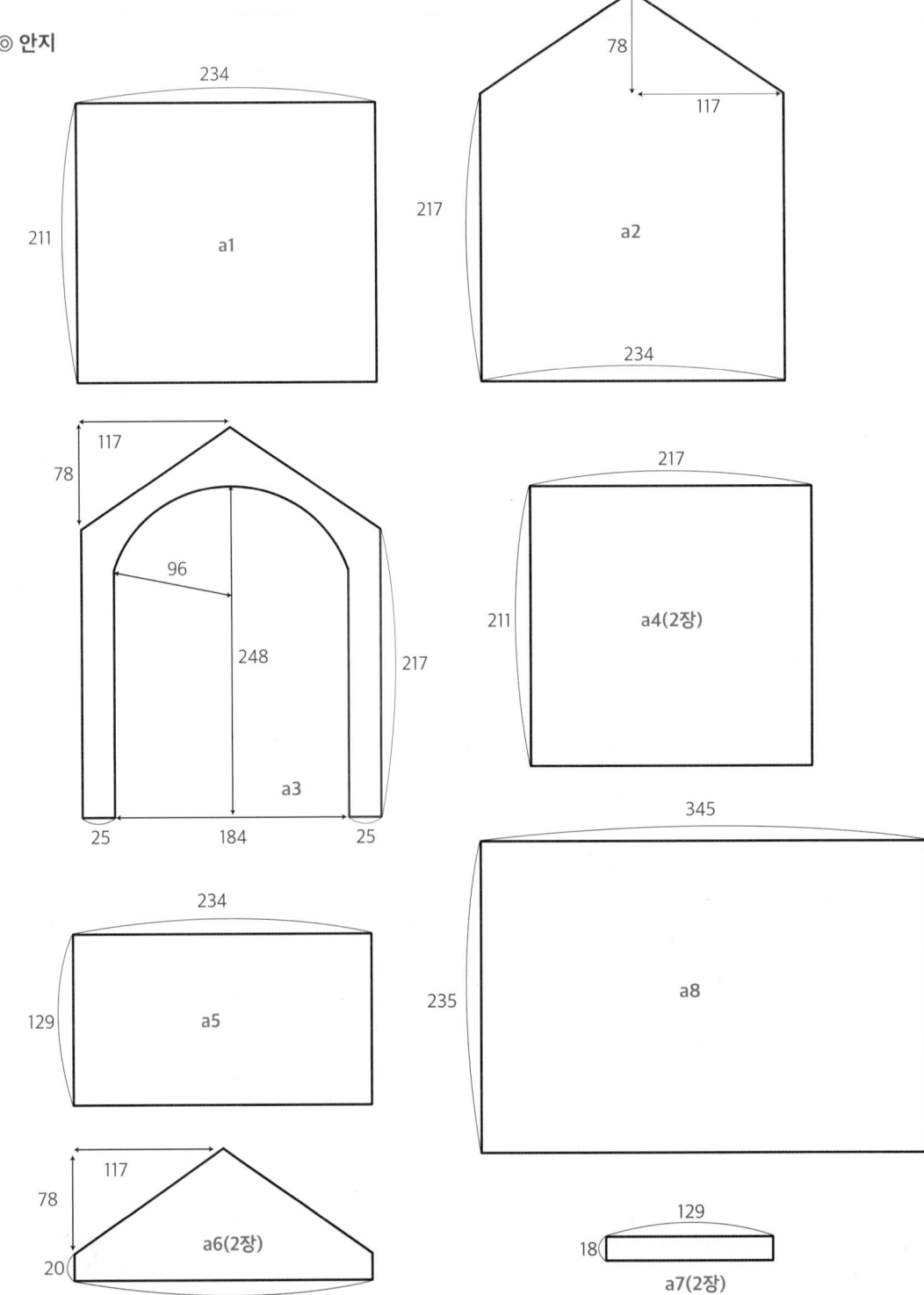

a1
234
211

a2
78
117
217
234

a3
117
78
96
248
217
25
184
25

a4(2장)
217
211

a5
234
129

a8
345
235

a6(2장)
117
78
20
234

a7(2장)
129
18

서랍틀 안지

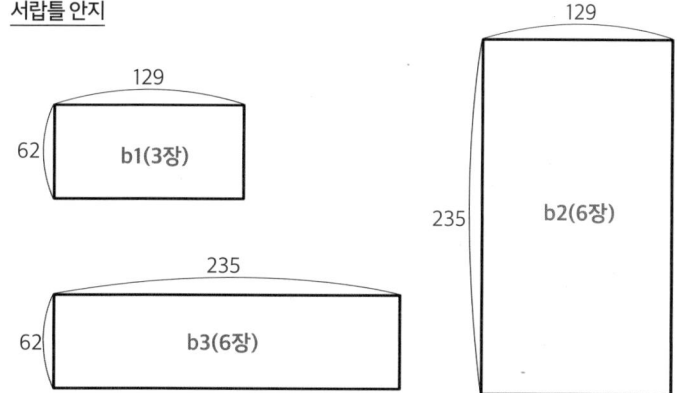

129
62 b1(3장)

129
235 b2(6장)

235
62 b3(6장)

서랍용 안지

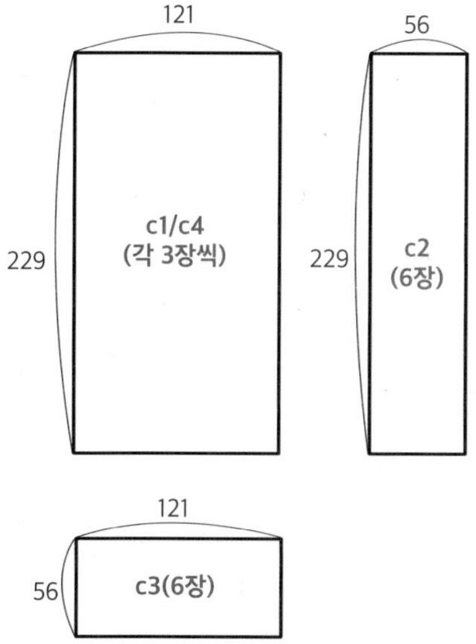

121
229 c1/c4
(각 3장씩)

56
229 c2
(6장)

121
56 c3(6장)

뚜껑

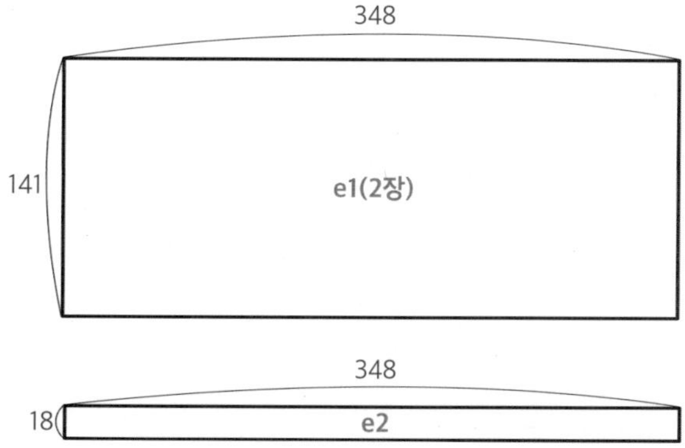

348
141 e1(2장)

348
18 e2

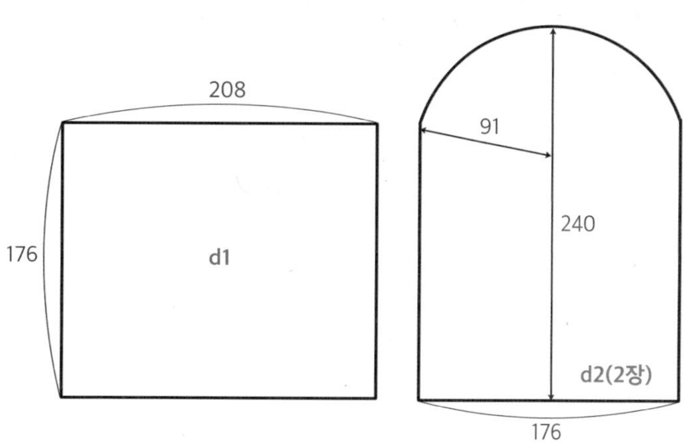

208
176 d1

91
240 d2(2장)
176

Sabu作 까또나주 강좌 안내

사부작에서 2012년부터 운영 중인 까또나주 강좌는

기본 기법에서부터 차근차근 까또나주의 노하우를 익혀

자신만의 디자인으로 창작 작품까지 만들 수 있는

조급→중급→고급→전문가1,2→연구반으로

정규과정을 운영하고 있으며,

다양한 작품을 만나볼 수 있는

One day Class를 운영하고 있다.

강좌에 대한 자세한 내용은 http://sabujak.kr 에서

확인하실 수 있습니다.